••• **Títulos relacionados**

IFCT0209 SISTEMAS MICROINFORMÁTICOS

[DISPONIBLE CERTIFICADO COMPLETO]

IFCT0309 MONTAJE Y REPARACIÓN DE SISTEMAS MICROINFORMÁTICOS

[OTROS TÍTULOS DISPONIBLES]

Solicítalos en:
- Librería
- www.paraninfo.es
- Solicitudes nacionales +34 914 463 350
- Solicitudes fuera de España +34 913 308 907, +34 913 308 919

Explotación de las funcionalidades del sistema microinformático
UF0853

Francisco Javier Muñoz López

© 2024 Ediciones Paraninfo, S. A.
© 2024 Francisco Javier Muñoz López

Diseño y maquetación: Ediciones Nobel, S. A.

ISBN: 978-84-283-6386-0
Depósito legal: M-19757-2024
Impresión: Liberdigital (Casarrubuelos, Madrid)

Impreso en España

Autor

Francisco Javier Muñoz López es técnico especialista en Informática de Gestión y licenciado en Ciencias Empresariales.

Cuenta con una dilatada experiencia como docente en ciclos formativos en las especialidades de informática de gestión, administración de sistemas informáticos, desarrollo de aplicaciones informáticas y desarrollo de aplicaciones web.

Actualmente desempeña su labor profesional como docente en el IES Doménico Scarlatti de Aranjuez y como coordinador de nuevas tecnologías (TIC) en el IES Juan de la Cierva. Compagina su labor docente con la autoría de más de una docena de publicaciones y con la impartición constante de cursos de formación.

A mi hija Yaiza.

Índice

4. Configuración del sistema informático 99

5. Utilización de las herramientas del sistema 125

6. Gestión de procesos y recursos 151

Introducción normativa

La Ley Orgánica 3/2022, de 31 de marzo, de ordenación e integración de la Formación Profesional, contiene una disposición derogatoria única que afecta a la regulación de los certificados de profesionalidad, ahora denominados **Certificados Profesionales**. La referida normativa deroga la Ley Orgánica 5/2002, de 19 de junio, de las Cualificaciones y de la Formación Profesional, y abre un escenario de cambios que se irán implementando progresivamente.

La Ley Orgánica 3/2022, de 31 de marzo, de ordenación e integración de la Formación Profesional implica que toda la formación es acumulable. La oferta formativa se estructura de forma escalonada, siendo los Certificados Profesionales un nivel intermedio (Grado C) de una escala que va desde el Grado A hasta el E.

En los artículos 35 a 38 de la Ley 3/2022 se describe en qué consisten estos Certificados Profesionales: su oferta, formación asociada, estructura, duración, acceso, titulación y validez. Posteriormente, esta normativa se completa con lo dispuesto en el Real Decreto 659/2023, de 18 de julio, que desarrolla la ordenación del sistema de Formación Profesional. Concretamente en los artículos 67 a 81 es donde se hace referencia a la oferta formativa de Grado C, correspondiente a los Certificados Profesionales.

Están agrupados en 26 familias profesionales con características comunes del sector. En la actualidad hay más de medio millar de Certificados Profesionales incluidos en el Repertorio Nacional. Esta cifra no deja de crecer. Además, cada certificado está específicamente regulado por un real decreto.

Un Certificado Profesional corresponde al Grado C de la oferta del Sistema de Formación Profesional. Es un documento oficial, con validez en todo el territorio nacional y debe constar en el Catálogo Nacional de Ofertas de Formación Profesional, que certifica la capacitación para el desarrollo de una actividad profesional.

Debe detallar los módulos profesionales superados y los estándares de competencia profesional asociados a él e incluidos en el **Catálogo Nacional de Estándares de Competencias Profesionales**, así como su correspondencia con el Marco Español de Cualificaciones.

Despliegan su validez en un doble ámbito, laboral y académico:

- En el contexto laboral tienen validez profesional, porque acreditan las competencias en una determinada profesión. Para poder trabajar en algunas profesiones, se exigen determinadas cualificaciones, y los certificados sirven para acreditarlas.

- Asimismo, tienen validez académica, puesto que permiten continuar un itinerario formativo siempre que se cumplan los requisitos de acceso para cursar la titulación deseada. De tal modo que, los Certificados Profesionales que sean parte de un Grado D permitirán la matrícula modular para completar los módulos establecidos en el currículo y obtener el correspondiente título de técnico básico, técnico o técnico superior con validez en todo el territorio nacional.

Para obtener un Certificado Profesional (Grado C) es preciso cumplir con los requisitos de acceso para realizar la formación.

Estructura de los Certificados Profesionales

  I. Identificación: denominación, familia y área profesional a la que pertenecen; nivel de cualificación profesional (1, 2 o 3); cualificación profesional de referencia; entorno profesional y módulos formativos que esté previsto cursar junto con la duración de cada uno de ellos.

 II. Perfil profesional: incluye las competencias profesionales requeridas en el mercado laboral. En todas ellas se concretan las realizaciones profesionales y los criterios de realización.

III. Formación: describe los módulos formativos que esté previsto cursar para adquirir las competencias requeridas. En cada uno de ellos se indican las capacidades que se pretende alcanzar y la duración del módulo de prácticas no laborales —PNL—, para el que cabe solicitar exención si se cumplen determinados requisitos.

 IV. Prescripciones de las personas formadoras.

  V. Requisitos mínimos de espacios, instalaciones y equipamiento.

Los Certificados Profesionales se identifican con una denominación concreta y un código alfanumérico propio, y sirven para acreditar una determinada cualificación profesional. Cada certificado está asociado a una relación de unidades de competencia que, a su vez, se vinculan con una serie de módulos formativos específicos. Algunos módulos están integrados por unidades formativas y tanto unos como otras son, en ocasiones, transversales, lo que significa que se trata de contenidos incluidos en más de un Certificado Profesional.

Los Certificados Profesionales se articulan en tres niveles de competencia profesional (1, 2 y 3) conforme a lo dispuesto en el que será el Catálogo Nacional de Estándares de Competencias Profesionales, anteriormente Catálogo Nacional de Cualificaciones Profesionales (CNCP), según los criterios establecidos de conocimientos, iniciativa, autonomía y complejidad de las tareas, en cada una de las ofertas de Formación Profesional.

La oferta formativa dirigida a la obtención de los Certificados Profesionales tiene carácter modular para favorecer la acreditación parcial acumulable de la formación recibida y posibilitar así el avance en el itinerario de Formación Profesional para cualquiera que sea la situación laboral de cada persona en cada momento.

En definitiva, el Grado C constituye la oferta, parcial y acumulable, del sistema de Formación Profesional, de varios módulos profesionales del catálogo modular de Formación Profesional por razón de su significado en el mercado laboral y conducente a la obtención de un Certificado Profesional.

Las ofertas de Grado C de Formación Profesional tendrán por objeto módulos profesionales incluidos previamente en el catálogo modular de formación profesional y asociados al Catálogo Nacional de Estándares de Competencias Profesionales.

Finalidad de los Certificados Profesionales

- Contribuir a la ordenación de un Sistema de Formación Profesional al servicio de un régimen de formación y acompañamiento profesionales que sea capaz de responder con flexibilidad a los intereses, expectativas y aspiraciones de cualificación profesional de las personas a lo largo de su vida.

- Combinar escuela y empresa situando a la persona en el centro del sistema.

- Facilitar el aprendizaje permanente de toda la ciudadanía mediante una formación abierta, flexible y accesible, estructurada de forma modular, a través de la oferta formativa asociada al certificado.

- Acreditar las cualificaciones profesionales o las unidades de competencia recogidas en estas, independientemente de su vía de adquisición, bien sea través de la vía formativa, o mediante la experiencia laboral o vías no formales de formación.

- Favorecer, tanto a nivel nacional como europeo, la transparencia del mercado de trabajo.

- Contribuir a la calidad de la oferta de Formación Profesional.

Este libro

El presente libro desarrolla la Unidad Formativa denominada *Explotación de las funcionalidades del sistema microinformático*, UF 0853.

Dicha unidad formativa está asociada a la Unidad de Competencia UC 0219_2, forma parte del Módulo Formativo MF 0219_2 *Instalación y configuración de sistemas operativos* perteneciente a las Cualificaciones Profesionales de referencia: IFC078_2, de nivel 2, incluida en el Certificado Profesional denominado *Sistemas microinformáticos*; IFC298_2 de nivel 2, incluida en el Certificado de Profesionalidad *Montaje y reparación de sistemas microinformáticos*, y IFC300_2, de nivel 2, incluida en el Certificado de Profesionalidad denominado *Operación de sistemas informáticos*. Todas ellas se encuentran dentro de la familia profesional Informática y Comunicación.

Según el Real Decreto 686/2011, de 13 de mayo, modificado por el RD628/2013, de 2 de mayo; el RD 686/2011, de 13 de mayo, modificado por el RD 628/2013, de 2 de agosto; el Real Decreto 1531/2011, de 31 de octubre, modificado por el RD 628/2013, de 2 de agosto, los contenidos que en esta obra se recogen se corresponden con una duración de 60 horas.

Tanto la estructura como el desarrollo del libro se ajustan a los citados reales decretos y más concretamente a los contenidos de la Unidad Formativa que le da título *Explotación de las funcionalidades del sistema microinformático*.

Contenidos

1. **Utilidades del sistema operativo**
   - Características y funciones.
   - Configuración del entorno de trabajo.
   - Administración y gestión de los sistemas de archivo.
   - Gestión de procesos y recursos.
   - Gestión y edición de archivos.

2. **Organización del disco y sistema de archivos**
   - El sistema de archivos.
     - FAT.
     - NTFS.
   - Unidades lógicas de almacenamiento.
   - Estructuración de los datos.

- Carpetas o directorios.
- Ficheros.
  - Tipos de ficheros.
  - Carpetas y archivos del sistema.
  - Estructura y configuración del explorador de archivos.
  - Operaciones con archivos.
    - Creación.
    - Copiar y mover.
    - Eliminación y recuperación.
  - Búsqueda de archivos.

3. **Configuración de las opciones de accesibilidad**
   - Opciones para facilitar la visualización de pantalla.
   - Uso de narradores.
   - Opciones para hacer más fácil el uso del teclado o del ratón.
   - Reconocimiento de voz.
   - Uso de alternativas visuales y de texto para personas con dificultades auditivas.

4. **Configuración del sistema informático**
   - Configuración del entorno de trabajo.
     - Personalización del entorno visual.
     - Configuración regional del equipo.
     - Personalización de los periféricos básicos.
     - Otros.
   - Administrador de impresión.
   - Administrador de dispositivos.
   - Protección del sistema.
   - Configuración avanzada del sistema.

5. **Utilización de las herramientas del sistema**
   - Desfragmentado de disco.
   - Copias de seguridad.
   - Liberación de espacio.

- Programación de tareas.
- Restauración del sistema.

6. Gestión de procesos y recursos

- Mensajes y avisos del sistema.
- Eventos del sistema.
- Rendimiento del sistema.
- Administrador de tareas.
- Editor del registro del sistema.

■ Nota del Editor

En Ediciones Paraninfo estamos comprometidos con la calidad de la formación e intentamos que nuestros materiales respondan fielmente y con rigor a las necesidades de todos cuantos confían en nuestro sello editorial.

Tratamos de dar respuesta a los currículos de las unidades formativas y de los módulos que integran los distintos Certificados Profesionales, equilibrando la parte teórica con la práctica para que los procesos de aprendizaje se conviertan en experiencias gratificantes, tanto para docentes como para las personas inmersas en los procesos formativos.

Nuestros objetivos son contribuir de forma decisiva a afianzar aprendizajes, ayudar a adquirir destrezas que tengan significado para el empleo y conseguir potenciar el desarrollo personal.

Para lograrlo contamos con excelentes autores, expertos en las materias que abordan, en la mayoría de los casos docentes de dichas especialidades con dilatada experiencia tanto profesional como académica, porque buscamos perfiles familiarizados con los contextos laborales concretos a los que se refieren nuestros manuales.

Confiamos en poder serte de ayuda y esperamos tus impresiones acerca de nuestro trabajo. Sean positivas o negativas, serán muy bien recibidas y, sin duda, nos ayudarán a seguir mejorando y trabajando con ilusión para continuar siendo un referente en formación para el empleo.

Agradecemos tu confianza en nuestros manuales. Todo nuestro equipo queda a tu total disposición. Puedes contactar con nosotros en esta dirección de correo electrónico:

info@paraninfo.es

1. Utilidades del Sistema Operativo

Contenido

1.1. Características y funciones

El sistema operativo (SO) es el *software* **básico** o principal del ordenador. Este *software,* sin el cual el sistema informático no podría funcionar, se encarga de gestionar, por un lado, todos los recursos *hardware* del sistema informático y, por otro, el resto de *software* y/o aplicaciones informáticas con las que poder procesar la información o datos que el usuario necesite.

El **SO** se puede definir como un conjunto de programas, servicios y funciones que gestionan y coordinan el *hardware* y el *software* en un sistema informático. Es evidente que el *hardware* por sí solo no es capaz de producir, en casi ningún caso, utilidad para ningún usuario. Este *hardware* se tiene que poder poner en funcionamiento a través de programas o conjuntos de instrucciones que lo hagan funcionar.

Es por ello, por lo que los SO son capaces de reconocer e identificar el *hardware* con el que cuenta el sistema informático y de esta forma ponerlo en marcha. Una vez que el *hardware* ha cobrado vida, podremos ejecutar los programas y aplicaciones para que el usuario pueda realizar las funciones que desea. Este *software* puede ser propio del sistema operativo, o bien, *software* proporcionado por terceros, susceptible de instalarse e integrarse con el sistema operativo, aumentando la funcionalidad dc este.

El sitema operativo ofrece al usuario la forma de comunicarse con el ordenador, bien mediante el teclado (**interfaz texto**), bien mediante otros dispositivos como ratón, pantalla táctil (**interfaz gráfica**), **interfaz orgánica** e **incluso interfaces naturales,** de las que hablaremos más adelante).

El sistema operativo realiza todo el trabajo dentro del equipo, haciendo que el uso del *hardware* por parte del usuario no sea un problema. El usuario utiliza el *hardware* o sistema informático, pero se desentiende de gestionarlo o administrarlo.

Teniendo en cuenta estas características, los sistemas operativos actuales se pueden clasificar en dos grandes bloques:

- **Sistemas operativos monousuario.** Los recursos *hardware* y el *software* que se está utilizando están a disposición de un solo usuario. Un solo usuario sentado delante de un solo ordenador. Normalmente equipos domésticos para uso individual.

- **Sistemas operativos multiusuario.** Varios usuarios pueden utilizar potencialmente los recursos *software* y *hardware* de un mismo ordenador. Normalmente servidores, sistemas en red o sistemas en *cloud computing.*

Se puede ver claramente, que un sistema operativo no tiene una labor sencilla dentro del sistema informático. Es el motor de todo, hace de intermediario y controlador entre la parte física del ordenador, el *software* que se utiliza y el usuario para gestionar y administrar sus recursos.

El fin fundamental de un sistema operativo es coordinar el uso que se hace del *hardware* dependiendo de los programas o aplicaciones que se estén utilizando. Los programas empleados en la mayoría de los casos los decide el usuario, pero en otras muchas ocasiones son programas propios del sistema operativo los que tienen que estar funcionando para poder hacer que los programas de usuario cumplan con su objetivo.

En general *hardware*, *software* y usuario se estructuran, en cuanto a la utilización de un ordenador o sistema informático, de forma jerárquica. Veamos el esquema de la Figura 1.1.

Figura 1.1. Jerarquía de los sistemas operativos (tres niveles).

Este tipo de estructura es la que permite que el usuario interactúe con el *hardware*, función principal de cualquier sistema operativo.

Para realizar todas las funciones necesarias, el sistema operativo cuenta con los denominados servicios. Un **servicio** es un tipo de aplicación que normalmente se ejecuta en segundo plano y que proporciona a los usuarios las herramientas y aplicaciones necesarias para poder utilizar los recursos del sistema operativo. Estos servicios pueden emplearse para:

- **Creación y depuración de programas** (editores, compiladores, depuradores, entre otros).

- **La ejecución de programas,** proveyendo al sistema de los recursos *hardware* y *software* necesarios.

- **Acceder** de forma controlada **a los dispositivos de entrada/salida.**

- **Gestionar** de forma fiable, segura y controlada los **archivos e información.**

- **Supervisar** y solucionar **errores** provocados por el *hardware* o el *software*.

- **Suministrar información** estadística, de seguridad y registro de lo que se hace en el sistema.

La mayoría de los servicios que se instalan en un sistema informático, lo hacen al instalar el propio sistema operativo, pero en ocasiones también lo hacen cuando instalamos en el ordenador algún otro programa o aplicación. Estos servicios son necesarios para el funcionamiento de muchas de las aplicaciones propias del sistema operativo y de otro tipo de *software*. Sin los servicios podemos decir que no funcionaría nada o casi nada en el sistema.

El sistema operativo es el programa más importante de un sistema informático u ordenador. Como recordaremos, el sistema operativo es un conjunto de programas que tiene dos funciones fundamentales:

- Administrar, gestionar y organizar el *hardware* y *software* del equipo. Respecto del *hardware* poniendo en contacto las unidades funcionales (UCP, UC, UAL y RAM) con los periféricos y resto de componentes *hardware*. Respecto del *software* organizando los programas, procesos y servicios para que puedan ser útiles en el sistema informático.

- Dar al usuario la capacidad de comunicarse con el sistema informático u ordenador, poniendo a disposición del usuario un medio de comunicación entre él y el sistema operativo. Este medio de comunicación, llamado interfaz, permite al usuario comunicarse con el sistema informático actuando como traductor entre nosotros y la máquina, y viceversa. Ya veremos más adelante que las interfaces de usuario pueden ser de tipo texto o de tipo gráfico.

Respecto de las funciones de un sistema operativo, se indican las más e importantes tales como:

- **Gestionar el procesador o la UCP.** Repartir el tiempo de CPU en sistemas multitarea o multiusuario para que el sistema sea lo más eficiente posible.

- **Gestionar la memoria interna o RAM.** Asignando a cada proceso el espacio de memoria necesario y asegurando que ese espacio de memoria no sea invadido por otro proceso.

- **Gestionar la memoria virtual.** Cuando la memoria RAM es insuficiente, el sistema operativo tiene que ser capaz de utilizar los dispositivos de almacenamiento como si de memoria RAM se tratase. Ya veremos esto más detenidamente.

- **Gestionar el I/O.** El sistema operativo gestiona y utiliza los dispositivos de entrada/salida a través de los controladores o *drivers* y de las interrupciones.

- **Gestionar los procesos.** Se encarga de que las aplicaciones se ejecuten adecuadamente, asignando a cada una de ellas los recursos *hardware* y *software* necesarios para su correcto funcionamiento.

- **Gestionar los permisos de acceso a *hardware* y *software*.** El sistema operativo tiene que garantizar que cada usuario sentado a la máquina, o de forma remota por la red, acceda solamente a aquello que puede acceder. Para ello el sistema operativo gestiona los permisos o privilegios para que los recursos sean solamente utilizados por *hardware*, *software* y usuarios que tengan las autorizaciones sobre ellos.

- **Auditoria.** El sistema operativo tiene que ser capaz de llevar un registro del acceso que se ha hecho, a qué información o archivo y por quién, con el fin de garantizar la fiabilidad y eficacia del sistema.

- **Gestionar el sistema de archivos.** Crear archivos, modificar sus permisos, sus contenidos, borrarlos, ocultarlos, etc. Todas estas labores tienen que poder ser hechas por el usuario, eso sí, gracias al sistema operativo.

- **Gestionar información de diagnóstico y detección de errores.** El propio sistema operativo genera información que a él mismo le servirá posteriormente para comprobar el correcto funcionamiento del sistema.

Como podemos deducir de las explicaciones anteriores, un sistema operativo tiene que ser capaz de hacer todo o casi todo dentro de un sistema informático. *Hardware* y *software* se gestionan y controlan con el sistema operativo que se comunica con el usuario a través de las interfaces de texto o gráficas.

1.2. Configuración del entorno de trabajo

En este punto, podríamos hablar de cualquier sistema operativo, pero, por su popularidad y difusión en España, dirigiremos las explicaciones de este tema centrándonos en sistemas Windows y mostraremos su similitud con Linux.

Windows es un sistema operativo de los más extendidos en la actualidad en ordenadores personales. Es un sistema operativo con interfaz gráfica. Es un sistema operativo monotarea, pseudomultitarea o multitarea.

Windows 7, 8, 8.1, 10 y 11, sí son multitarea real, ya que son capaces de gestionar dos o más procesadores en una misma placa base, gracias al llamado multiproceso simétrico (SMP).

Todas las versiones de Windows soportan programas o aplicaciones DOS y aplicaciones Windows de 16, 32 y 64 bits. Puede ocurrir, y así ocurre, que hay determinados programas antiguos desarrollados en 8 o 16 bits (MS-DOS) que no funcionan correctamente en Windows, debido al uso que el programa de 8 o 16 bits hace de los dispositivos *hardware*.

Uno de los componentes esenciales para gestionar y utilizar estos programas es la interfaz gráfica, que es totalmente personalizable, tal y como veremos a continuación.

A. Interfaz en modo gráfico. El escritorio de Windows

① Iconos. Es un símbolo que Windows utiliza para representar un objeto. Este objeto puede ser una carpeta, un disco duro, la unidad de CD-ROM, la impresora, etc. Si hacemos doble clic sobre un icono, se abrirá una ventana en la que se nos mostrará información relativa a ese icono o simplemente se ejecutará un programa dentro de una ventana.

② Ventanas. Es la forma que tiene Windows de mostrarnos la información en pantalla (*Windows* = ventanas).

③ Barra de tareas. Situada, normalmente, en la parte inferior de la pantalla, muestra las aplicaciones que tenemos abiertas en ese momento y otros elementos en el área de notificación, abajo a la derecha. También suele incluir el botón de inicio para realizar las acciones de apagado y encendido del equipo, entre otras cosas.

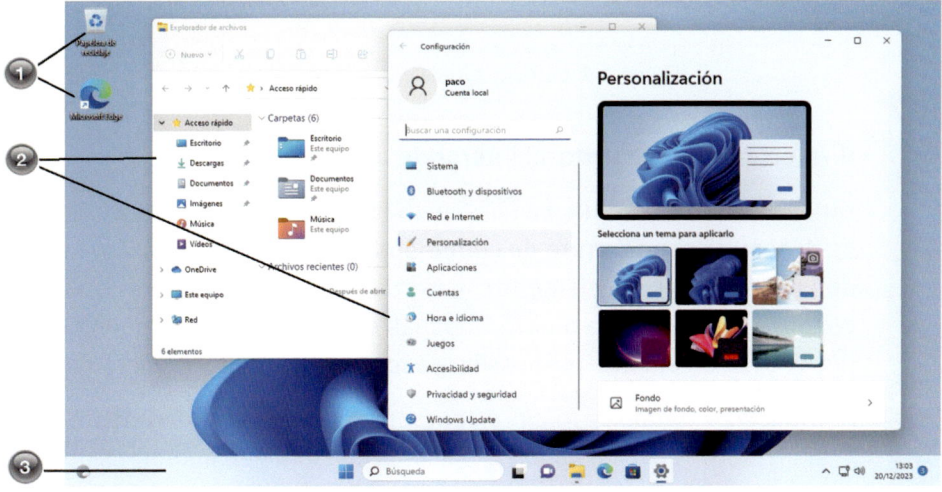

Figura 1.2. Escritorio de Windows.

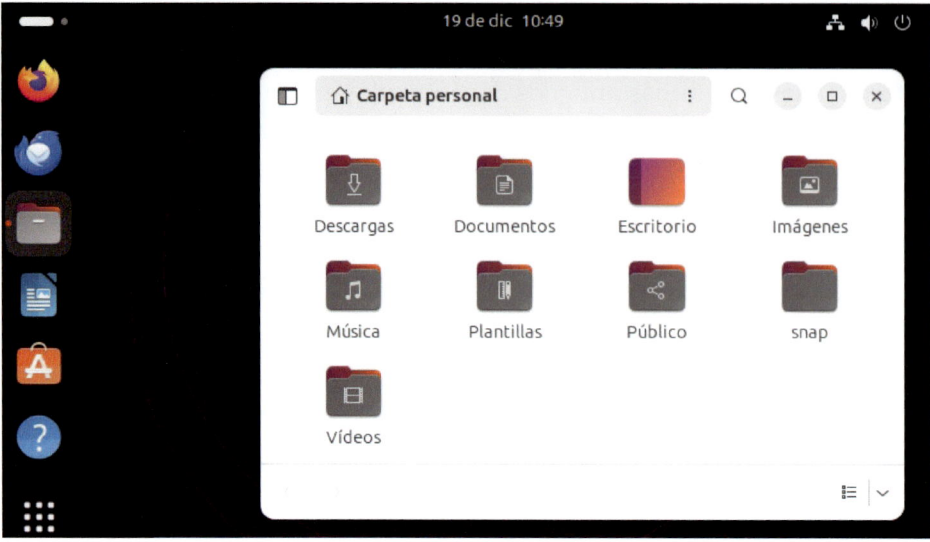

Figura 1.3. Escritorio de Linux.

Las Figuras 1.2 y 1.3 muestran los componentes esenciales de un escritorio y las Figuras 1.4 y 1.5 los de de una barra de tareas:

1. Botón de *inicio*.

2. Elementos de inicio rápido.

3. Zona de tareas.

4. Área de notificación.

Figura 1.4. Barra de tareas en Windows.

B. Interfaz en modo texto. El intérprete de comandos

Otra forma de interactuar con el sistema operativo es a través de lo que se denomina el **intérprete de comandos,** como ya vimos en las unidades anteriores. Este elemento se heredó de versiones anteriores de Windows y servía para realizar muchas de las operaciones que hoy se desarrollan en entorno gráfico. Para acceder al símbolo del sistema en:

- **Windows 7**: iremos a *Inicio, ejecutar* y, dentro de la caja de texto que aparece, introducir *cmd.exe* y pulsar **Enter.** También podremos pulsar

Figura 1.5. Barra de tareas DASH en Ubuntu.

8

el botón de *Inicio → Todos los programas → Accesorios → Símbolo del sistema*. En versiones Windows Server (anteriores a 2012 Server), se ejecutará de la misma forma.

- **Windows 10**: situaremos el ratón en la parte inferior izquierda, en el logo de Windows 10, y pulsando el botón derecho del ratón elegir *Símbolo del sistema* en una de sus dos opciones. O de forma similar a como se hace en Windows 7 introduciendo *cmd* en *Buscar en la web y en Windows.*

- **Windows 11**: situaremos el ratón en la parte central, en el logo de Windows 11, y pulsando el botón derecho del ratón elegir *Terminal* en una de sus dos opciones. También podemos proceder como en Windows 7.

C. El botón *Inicio* en Windows y Linux

 Si pulsamos este botón, podemos tener acceso a los programas y opciones de configuración de Windows. También podemos apagar el sistema, cerrar la sesión de trabajo, buscar archivos, etcétera.

 En Linux Ubuntu, el botón de *Inicio* es el situado en la parte inferior izquierda de la pantalla.

Las opciones habituales que aparecen pulsando el botón de *Inicio* en Windows 10/11 son:

- **Todas las aplicaciones.** Contiene el conjunto de aplicaciones que el usuario tiene a su disposición. Si cada opción contiene otras, basta situar el ratón encima para que se puedan visualizar las siguientes. Situados sobre la aplicación deseada, hacemos clic sobre ella.

- **Iniciar/apagar.** Estos iconos se utilizan para apagar, reiniciar, suspender o hibernar el equipo si tenemos activada esta última opción.

- **Configuración.** En esta lista se muestran iconos a través de los cuales podremos acceder a la configuración y personalización de nuestro sistema.

- **Explorador de archivos.** Como su nombre indica, si hacemos clic en este icono, se abrirá el explorador de archivos en la carpeta personal del usuario.

- **Más usadas o ancladas.** Se muestran los iconos de los programas más utilizados y de cada usuario que inicia sesión en el equipo.

- **Identificación del usuario.** Muestra el nombre y el icono que representa al usuario que ha iniciado sesión.

D. Arranque y parada de Windows

La forma normal de encender el sistema es simplemente pulsando el botón de encendido del equipo. Si la última vez que utilizamos el equipo lo cerramos correctamente, el equipo se volverá a encender de forma correcta.

A veces ocurre que el sistema no se cierra de forma adecuada. Las causas pueden ser: bloqueo del equipo, corte del fluido de corriente eléctrica, instalación de *software* no verificado, virus, etcétera.

En este caso puede aparecernos una pantalla en modo texto con varias opciones que nos permitirá iniciar el sistema de una u otra forma, dependiendo de lo que queramos hacer.

Esta forma de arrancar el equipo también es voluntaria y podemos ver esta pantalla cuando esté iniciándose el equipo.

En todas las versiones de Windows viene habilitado por defecto este sistema de arranque, salvo en Windows 10/11, donde será necesario ejecutar una consola en modo administrador e introducir el siguiente comando:

```
C:\windows\system32> bcdedit /set {default} bootmenupolicy legacy
```

A partir de ahora, tendremos habilitado el arranque selectivo en Windows 10/11.

Para ello, pulsaremos repetidamente la tecla **F8** y nos aparecerán las diferentes opciones de inicio. Veamos las más importantes:

1. **Reparar el equipo.** Se muestra un submenú con opciones de recuperación y diagnóstico del sistema.

2. **Modo seguro (SAFEBOOT_OPTION=Minimal).** Utiliza un conjunto mínimo de controladores de dispositivos y servicios para iniciar Windows.

3. **Modo seguro con funciones de red (SAFEBOOT_OPTION=Network).** Utiliza un conjunto mínimo de controladores de dispositivos y servicios para iniciar Windows, además de los controladores que necesita para cargar las funciones de red.

4. **Modo seguro con símbolo del sistema (SAFEBOOT_OPTION=Minimal (AlternateShell)).** Es igual que el modo seguro, excepto que se inicia *cmd.exe* en lugar del Explorador de Windows, es decir, en modo consola.

5. **Habilitar el registro de arranque.** Habilita el registro cuando el equipo se inicia con cualquiera de las opciones de modo seguro, excepto *La última configuración buena conocida*. El texto del registro de inicio se registra en el archivo *Ntbtlog.txt* en la carpeta *%SystemRoot%*.

6. **Habilitar vídeo baja resolución.** Inicia Windows en el modo 640 × 480, utilizando el controlador de vídeo actual (no *Vga.sys*). Este modo resulta útil si la pantalla se ha configurado con un valor que el monitor no puede mostrar. Observa que las opciones *Modo seguro* y *Modo seguro con funciones de red* cargan el controlador *Vga.sys* en su lugar.

7. **Modo de depuración.** Activa el modo de depuración en Windows. La información de depuración puede enviarse por un cable serie a otro equipo que esté ejecutando un depurador. Este modo se configura para utilizar COM2.

8. **Iniciar Windows normalmente.** Inicia Windows en su modo normal.

E. Parada del sistema

Una de las opciones más importantes de la barra de tareas, y concretamente del botón *Inicio,* es poder apagar el sistema, es decir, apagar el ordenador de forma correcta. Veamos las opciones dependiendo de la versión que estemos usando del sistema operativo.

En Windows 10/11, para realizar las operaciones de apagado del sistema, pulsaremos en el icono ⏻ . Tras pulsarlo, las opciones que aparecen son las siguientes:

- *Suspender* (esperar). El ordenador se desconecta automáticamente y es como si lo hubiésemos apagado realmente. Lo que ocurre es que la alimentación de corriente mantiene activa la información en memoria RAM y permite reiniciar el equipo en el punto en que nos habíamos quedado al pulsar cualquier tecla.

- *Apagar.* Con esta opción indicamos que queremos cerrar todo lo que tenemos abierto para apagar el ordenador. Esta operación es la forma correcta de apagar el ordenador.

- *Reiniciar.* Se utiliza cuando se quiere apagar y encender el ordenador, pero sin necesidad de hacerlo realmente. El sistema operativo cerrará todos los programas abiertos y volverá a inicializarse solo. Esta operación se suele realizar cuando instalamos nuevo *hardware* o nuevo *software*, para que el sistema operativo active las modificaciones realizadas.

- *Hibernar.* Opción no habilitada por defecto. Similar a la opción de suspender, pero teniendo en cuenta que se hace un volcado físico de memoria a disco duro, quedándose todo lo que teníamos abierto, o en ejecución, copiado en el disco duro. De esta forma, cuando volvamos a arrancar el ordenador, el equipo partirá del mismo punto en el que nos quedamos al realizar la acción.

Si suspendemos el equipo, y este se queda sin corriente eléctrica, podemos perder la información de nuestra sesión de trabajo, ya que no se hace volcado a disco. Por el contrario, cuando hibernamos el sistema, da igual que el equipo esté alimentado o no de corriente eléctrica, ya que la sesión de trabajo se ha quedado volcada a disco duro. Esta opción se habilita o deshabilita dentro del *Panel de control, Opciones de energía.*

- A veces, y especialmente cuando el sistema operativo se está actualizando, pueden aparecer más opciones tales como *Instalar actualizaciones* y *reiniciar* o *Instalar actualizaciones* y *apagar,* pero será en casos concretos.

En Ubuntu el icono desde el que podemos apagar el sistema se encuentra situado en la parte superior derecha de la pantalla y tiene este aspecto:

En Ubuntu se pulsa el mismo icono que para apagar el sistema. Si en Windows seleccionamos esta opción, podremos realizar las operaciones siguientes:

- *Cambiar configuración de la cuenta.* Podremos cambiar la imagen de nuestro usuario, contraseña, contraseña de imagen, etcétera.

- *Bloquear.* Bloqueamos el equipo y tendremos que introducir de nuevo la contraseña para seguir trabajando. Las aplicaciones abiertas no se cierran.

- *Cerrar sesión.* Cierra la sesión del usuario actual, cerrando los programas, permitiendo a otro usuario iniciar una nueva sesión de trabajo.

F. Ventanas en Windows

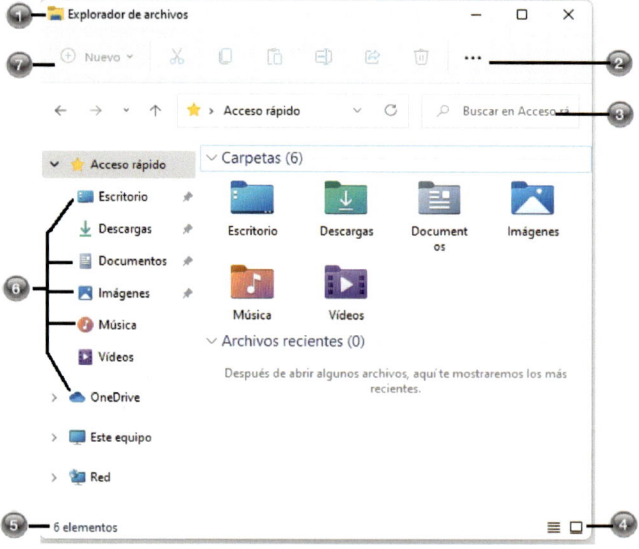

Figura 1.6. Elementos de una ventana en Windows.

Figura 1.7. Elementos de una ventana en Linux.

En cualquier ventana aparecen los elementos que se muestran en las Figuras 1.6 y 1.7.

➊ Barra de título.

➋ Botones aspecto ventana.

➌ Búsqueda de elementos.

➍ Vista actual de la ventana.

➎ Barra de estado.

➏ Explorador de la ventana.

➐ Barra de herramientas, navegación y barra de menú.

G. Operaciones sobre ventanas

Podemos mover las ventanas, hacerlas más grandes, sin necesidad de que ocupen toda la pantalla, más alargadas, menos anchas, etcétera. No ocurre lo mismo con los cuadros de diálogo.

La gran mayoría de las opciones de las ventanas se pueden realizar desde la línea de menús, en concreto haciendo clic en las opciones de *Archivo, Inicio, Compartir, Vista,* etc., opciones que variarán de unas carpetas a otras.

Si por ejemplo seleccionamos la opción *Vista* se mostrará un menú, en el que podremos personalizar la vista de los elementos en la ventana, tal y como se muestra en las Figuras 1.8.a, 1.8.b y 1.9.

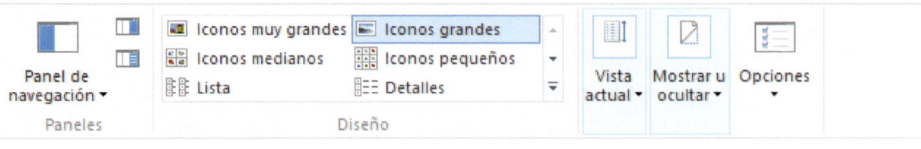

Figura 1.8.a. Personalizar vistas de ventana en Windows 10.

Figura 1.8.b. Gestión de ventanas en Windows 11.

Figura 1.9. Personalizar vistas de ventana en Linux.

Para cambiar el tamaño de la ventana, basta con situar el puntero del ratón sobre el borde superior, inferior, izquierdo o derecho hasta que tome el siguiente aspecto ↔. A partir de aquí, pulsamos el botón izquierdo del ratón y arrastramos el borde a la posición deseada.

Para mover una ventana manteniendo su tamaño actual, situaremos el puntero del ratón sobre la parte central de la barra de título. Utilizaremos la técnica de arrastrar para mover la ventana de sitio.

En caso de tener varias ventanas abiertas, solamente una de ellas estará activa, es decir, solamente podremos trabajar sobre una de ellas. Para activar una ventana, basta con hacer un clic sobre cualquier parte de la ventana que queramos activar. También podemos hacerlo pulsando el icono representativo de la ventana en la barra de tareas en caso de no ver ninguna parte de la ventana en el escritorio.

La ventana activa es la que aparece en primer plano, su barra de título tendrá un color diferente y el texto tendrá otro aspecto. El color de la barra de título de las ventanas no activas es normalmente gris.

Otra operación habitual es actualizar una ventana. Esta operación se realiza cuando la información que muestra la ventana se ha actualizado, pero aún no aparece. Teniendo la ventana activa, basta pulsar la tecla **F5**. Si el contenido de la ventana ha cambiado, se mostrará. Esta opción suele utilizarse de forma sistemática en la ventana del entorno de red sobre la que hablaremos más adelante.

H. Cuadros de diálogo

Son un tipo especial de ventanas que permiten al usuario introducir datos y realizar modificaciones respecto de la información que muestran (véanse las Figuras 1.10 y 1.11). Los elementos más habituales de los cuadros de diálogo son:

1 Barra de título. Contiene el nombre del cuadro de diálogo haciendo referencia a la opción que representa.

2 Botones de comando. Sirven para seleccionar la opción deseada después de realizar el diálogo correspondiente y haber marcado una u otra opción. Estos botones suelen ser tres:

- *Aceptar*. Sirve para hacer efectivos los cambios realizados y salir del cuadro de diálogo. Es igual que pulsar la tecla **ENTER** o **RETURN**.

- *Cancelar*. Sirve para cerrar el cuadro de diálogo sin hacer efectivos los cambios. Es igual que pulsar la tecla **ESC**.

- *Aplicar*. Sirve para hacer efectivos los cambios o acciones realizadas hasta ese momento sin cerrar el cuadro de diálogo.

3 Botones de opción. También llamados botones de radio, sirven para seleccionar una opción dentro de un conjunto. Se representan dentro de un círculo blanco que puede contener o no un punto negro.

4 Casillas de verificación. En ellas se pueden seleccionar diferentes parámetros de una misma opción.

5 Pestañas. Los cuadros de diálogo pueden tener varias opciones. Estas opciones se van activando en las pestañas que aparecen en la parte superior del propio cuadro y por debajo de la barra de título. Ya las hemos manejado en las configuraciones anteriores.

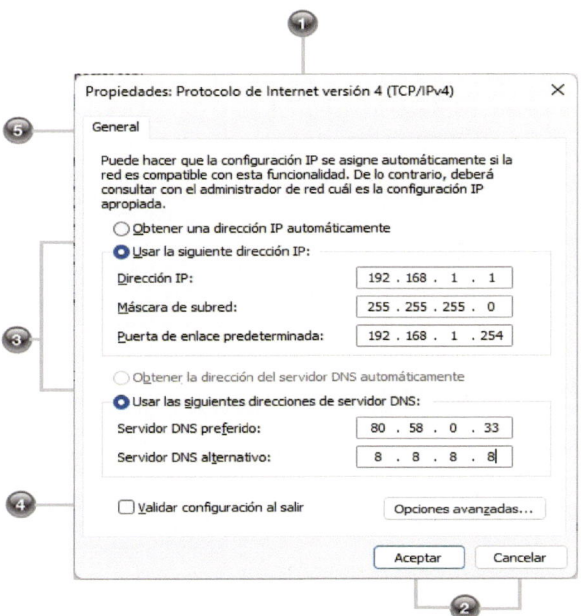

Figura 1.10. Cuadro de diálogo en Windows.

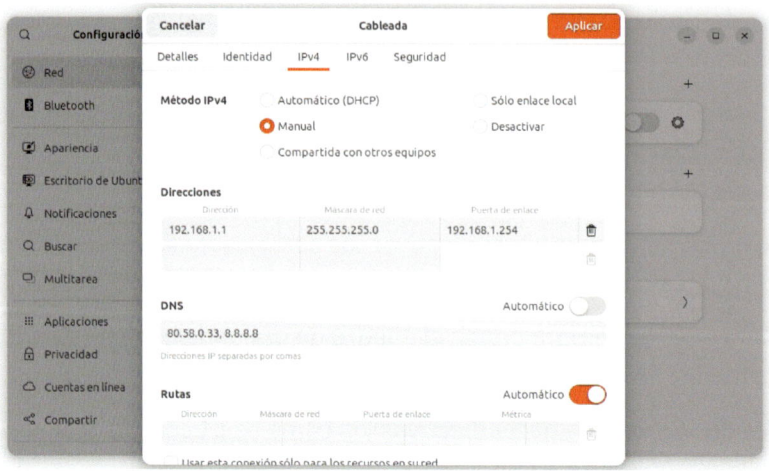

Figura 1.11. Cuadro de diálogo en Windows en Linux.

Es importante saber que a los cuadros de diálogo no se les puede cambiar el tamaño, pero sí moverlos. No tienen los típicos iconos de dimensión, solo tienen el de cerrar y el de interrogación, que solicita ayuda sobre las operaciones que estamos realizando. Esto se puede comprobar viendo que no es posible redimensionar la ventana. Una de las características de los cuadros de diálogo es que son modales, es decir, mientras que están abiertos, no se puede activar ninguna otra ventana que corresponda con la misma aplicación.

Aparte de los elementos mostrados en la Figura 4.9, también podemos encontrar otros elementos que forman parte de los cuadros de diálogo y que son los mostrados en la Tabla 1.1.

Tabla 1.1. Elementos de los cuadros de diálogo

ELEMENTO	REPRESENTACIÓN GRÁFICA	CARACTERÍSTICAS
Listas desplegables	30 minutos ⌄	Muestran una serie de alternativas al pulsar el botón en forma de flecha hacia abajo que tienen a su derecha.
Cuadros de texto	Buscar una configuración 🔍	En los que se puede teclear un texto. Para escribir el texto situaremos el puntero del ratón sobre el cuadro y escribiremos el texto deseado.
Barras de desplazamiento	‹ ▬▬▬ ›	Permiten recorrer una lista que tiene más opciones de las que se pueden mostrar en el espacio destinado a ellas. La selección del contenido se ve marcando lo deseado y automáticamente quedará seleccionado.

ELEMENTO	REPRESENTACIÓN GRÁFICA	CARACTERÍSTICAS
Control numérico	Esperar: 1	Permite al usuario introducir valores numéricos, pulsando cualquiera de los dos iconos que aparecen a su derecha. También se puede modificar el valor numérico introduciendo directamente el número dentro del cuadro.
Interruptores	Desactivado Activado	Permite al usuario activar o desactivar la configuración de algún elemento del sistema.
Iconos expandibles	OneDrive / Este equipo / Red	Los iconos expandibles son elementos que también se pueden encontrar en cuadros de diálogo, aunque suelen aparecer en ventanas. Presentan los elementos de una forma organizada.

I. Iconos en Windows

En este apartado veremos las operaciones más comunes que se pueden hacer con los iconos, sean del tipo que sean; eso sí, estas operaciones variarán si el icono hace referencia a una carpeta, un programa, un archivo de música, etcétera.

- *Menú contextual de un icono*. En todas las versiones de Windows, y por lo general de cualquier sistema operativo, el botón derecho del ratón sobre cualquier icono tiene una función principal. Esta función consiste en que cuando lo pulsamos, se despliega el menú contextual, que incluye varias opciones. Dependiendo del tipo de objeto seleccionado, del tipo de *software* instalado y de la versión de Windows que tengamos, así como de la versión de Explorer, las opciones del menú contextual variarán. Una de las opciones más importantes es la de *Propiedades.* Con ella podemos acceder a las características de configuración de cada objeto.

- **Selección de iconos**. Los iconos se pueden seleccionar haciendo un clic sobre ellos. Una vez seleccionados, pueden moverse de un lugar a otro, copiarse, eliminarse, etc. Es evidente que la operación realizada con un icono se efectúa realmente sobre el programa, archivo, objeto o ventana al que haga referencia. La selección de iconos puede ser múltiple. Para seleccionar varios iconos, por ejemplo, dos imágenes, se puede utilizar la tecla Ctrl. Esta tecla se mantiene pulsada y los iconos sobre los que se haga clic se seleccionarán. Si queremos seleccionar un conjunto de iconos, lo haremos manteniendo pulsada la tecla Shift, haciendo clic sobre el primer icono y el último de una lista. Intentemos en este punto seleccionar todos los iconos de la carpeta.

- **Cambiar nombre a un icono.** Un icono se puede renombrar, a excepción de los propios que genera Windows, a los que, aunque es posible, no es fácil cambiarles el nombre. Situémonos sobre un icono cualquiera y al pulsar F2 veremos que podemos cambiar el nombre del mismo. También podremos renombrar un icono haciendo clic sobre su nombre. Pasados un par de segundos volveremos a hacer clic sobre él. A continuación, bastará con introducir el nuevo nombre o modificar el anterior como si estuviéramos dentro de una casilla de texto.

- **Mover iconos.** Para mover un icono, hay que arrastrarlo de una ventana a otra, o de una carpeta a otra, utilizando el botón izquierdo del ratón. Llevaremos dos iconos de esta carpeta al escritorio. Para ello tendremos que tener la ventana de la carpeta *Imágenes de muestra* sin maximizar para poder ver parte del escritorio y poder realizar la operación.

- **Copiar un icono.** Lo arrastraremos de una ventana a otra o de una carpeta a otra, pero teniendo pulsada durante la operación la tecla Ctrl. Soltaremos el botón del ratón, después la tecla, y el icono se habrá copiado. Cuando arrastramos un icono con el botón derecho del ratón, podemos realizar la acción de copia o de movimiento. Simplemente cuando lleguemos al destino deseado, es decir, a la carpeta o ventana de destino, al soltar el botón del ratón, se nos preguntará por la acción que se quiere realizar: copiar, mover, etcétera.

- **Borrar iconos.** Para borrar un icono lo seleccionaremos, pulsaremos la tecla Supr y confirmaremos su eliminación. También podemos eliminarlo pulsando el botón derecho del ratón sobre el icono que se va a eliminar y en las opciones del menú contextual seleccionar *Eliminar*. En Windows, cada vez que eliminamos un archivo, carpeta, icono, objeto, etc., no se eliminan de forma permanente. Lo que eliminamos se envía a la llamada papelera de reciclaje de forma temporal. Si deseamos recuperar un archivo eliminado, basta ir a la papelera y restaurarlo. Cuando vaciamos la papelera, los archivos se eliminarán de forma permanente.

- **Crear accesos directos.** Un acceso directo se define como un icono con el que podemos acceder directamente a un archivo o aplicación, sin tener que localizarlo en la ruta de la estructura del sistema de archivos en la que se encuentra. Para crear los accesos directos, se utilizan varias técnicas. Una de ellas es ir abriendo ventanas, desde *Mi PC* o desde el explorador, hasta localizar el objeto al que queremos asociar el acceso directo. Una vez localizado, lo seleccionaremos y lo arrastraremos hasta una zona libre del escritorio con el botón derecho del ratón pulsado. Al soltar el botón derecho, aparecerá, entre otras cosas, *Crear iconos de acceso directo aquí*. Si elegimos esta opción, crearemos el acceso directo al objeto seleccionado. Es evidente, que, para realizar esta operación, la ventana en la que estemos para seleccionar el objeto no podrá estar maximizada, ya que no veremos parte del escritorio para arrastrar el icono

En Windows 11, las opciones sobre iconos, se han ampliado bastante, tanto en el menú contextual como en las opciones gráficas que se muestran en los cuadros de diálogo al pulsar el botón derecho del ratón en cualquier ventana, icono o carpeta.

En la Tabla 1.2, podremos ver los iconos más significativos incorporados en Windows 11, para realizar operaciones sobre iconos.

Tabla 1.2. Operaciones sobre iconos

ICONO	ACCIÓN
✂	Cortar
⧉	Copiar
⧆	Cambiar nombre
🗑	Eliminar
📋	Pegar

J. Personalización de Windows

Una de las características más importantes que nos ofrece el sistema operativo Windows es la personalización del aspecto del escritorio y de los elementos que podremos manejar. Se puede realizar la personalización desde diferentes sitios, pero de forma muy similar, tanto del aspecto de nuestro escritorio como de nuestro sistema en general.

Para poder personalizar el aspecto de nuestro sistema en Windows, haremos clic con el botón derecho del ratón en cualquier zona del escritorio que no contenga ningún icono ni ventana, y seleccionaremos *Personalizar*. Se mostrará una pantalla como la de las Figuras 1.12 y 1.13.

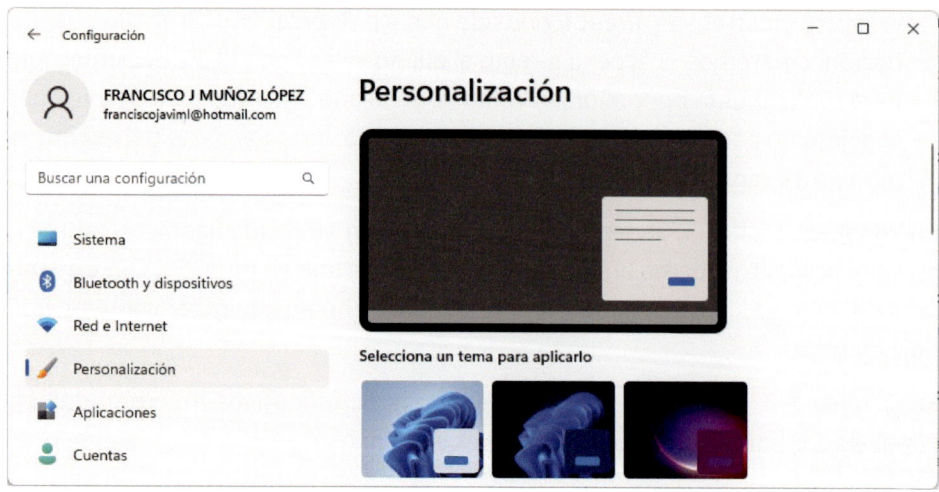

Figura 1.12. Personalizar escritorio en Windows.

En Ubuntu se mostrará pulsando con el botón derecho del ratón en cualquier zona del escritorio y seleccionando algunas de las tres opciones que desde el menú contextual se nos muestran a tal efecto y que son: *Preferencias de iconos de escritorio, Preferencias de pantalla* o *Cambiar el fondo,* que mostramos particularmente en la Figura 1.13.

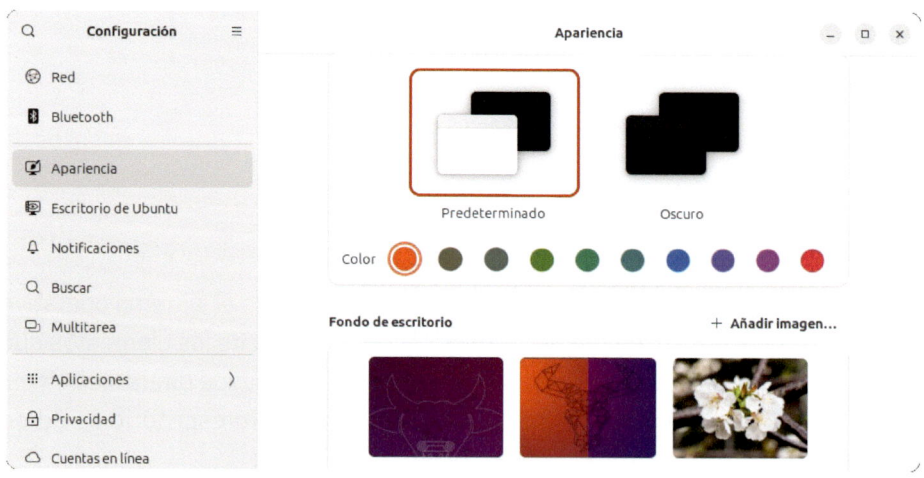

Figura 1.13. Personalizar escritorio en Ubuntu.

En el menú que aparece a la izquierda de la pantalla que vemos en la Figura 1.13, tenemos bastantes opciones para configurar y personalizar nuestro sistema.

K. Personalicemos el aspecto de nuestras carpetas

Iremos a *Panel de control → Opciones del Explorador de archivos*. Se mostrará el cuadro de diálogo de la Figura 1.14, en donde podremos personalizar algunas opciones como las que se indican a continuación.

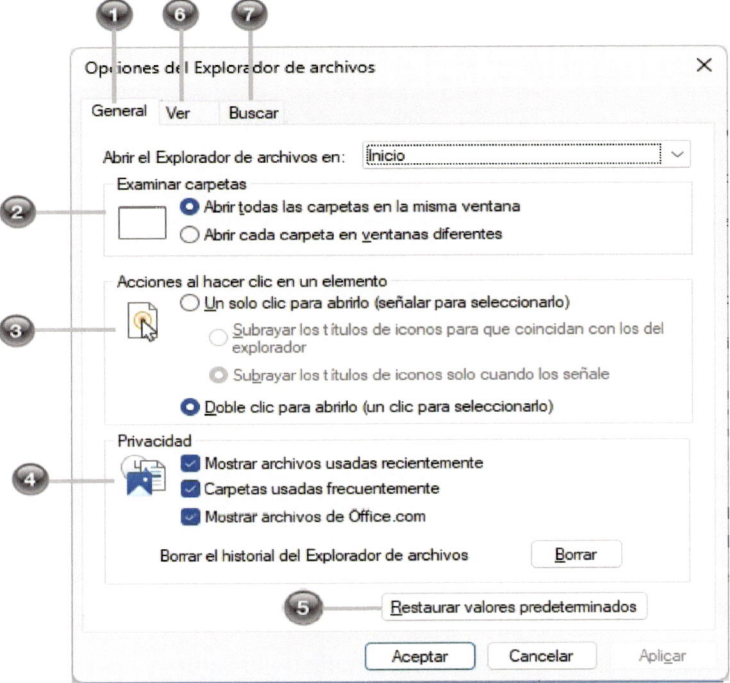

Figura 1.14. Personalizar carpetas en Windows.

1 General. Podremos configurar las opciones de los puntos 2, 3 y 4.

2 Examinar carpeta. Podremos ver el contenido de las subcarpetas dentro de la misma ventana de la que partimos, o cada vez que abramos otra carpeta se abrirá una nueva ventana. Comprobaremos esto abriendo la carpeta de nuestra unidad de disco duro (C:).

3 Acciones al hacer clic en un elemento. Podemos indicar la acción de doble clic para abrir los elementos de la carpeta o, a modo de navegación web, hacerlo con un solo clic. En la carpeta de nuestra unidad de disco duro, comprobaremos ahora que las carpetas se abren con un solo clic.

4 Privacidad. Seleccionaremos o no si queremos mostrar elementos de acceso rápido en las carpetas, borrando o no el historial de navegación.

5 Restaurar valores predeterminados. Como su nombre indica, desharemos todos los cambios realizados en esta pestaña y todo seguirá como al principio.

6 **Ver.** Pestaña muy importante, ya que al seleccionarla aparecerá una caja de texto con el título *Configuración avanzada,* donde podemos elegir opciones tan importantes y útiles como:

- *Mostrar todos los archivos y carpetas ocultas.* Para poder visualizar archivos y carpetas que tienen el atributo de oculto (*Hidden*) y que, por lo tanto, no veremos si no activamos esta opción. Analicemos esto en nuestra unidad de disco duro.

- *Ocultar archivos protegidos del sistema operativo.* Para poder ver archivos de configuración que de otra forma no veríamos.

- *Ocultar las extensiones de archivo para archivos conocidos.* Si esta casilla está activada cuando veamos el contenido de una carpeta con archivos, observaremos que solo se mostrará el nombre de los archivos, pero no veremos su extensión.

7 **Buscar.** Para personalizar la búsqueda de archivos desde la opción *Buscar* del menú *Inicio*.

En Linux abriremos una carpeta y en la parte superior de la misma, a la izquierda, encontraremos la palabra **Archivos** ≡ . (icono 1.5).

Al pulsar en las tres rayitas que hay a su derecha, podremos seleccionar las opciones para la configuración de las carpetas o archivos de Linux.

Estas opciones podremos verlas en la pantalla de la Figura 1.15, siendo una de las opciones más interesante las *Preferencias* para la personalización de algunas variantes del aspecto de archivos y carpetas.

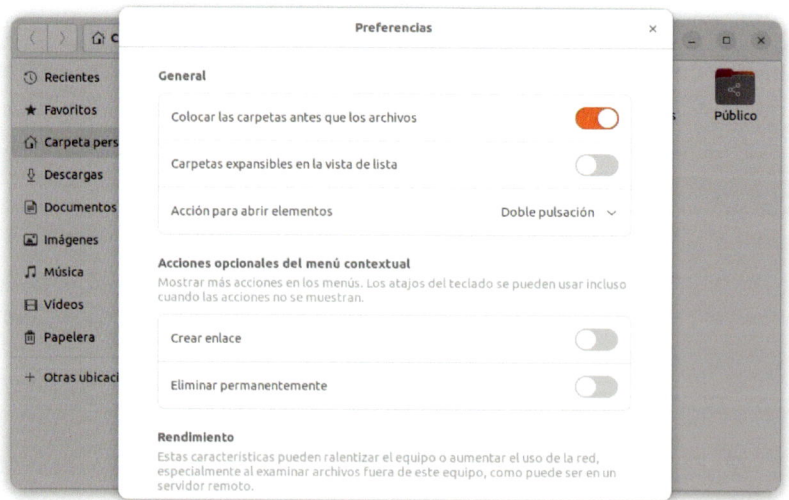

Figura 1.15. Personalizar archivos y carpetas en Linux.

1.3. Administración y gestión de los sistemas de archivo

Los sistemas de archivos o **Fyle System** pueden definirse como los métodos y estructuras de datos que un sistema operativo utiliza para almacenar información en un dispositivo de almacenamiento fijo o removible.

Si hablamos de discos duros, el sistema de archivos es el conjunto de métodos y estructuras necesarias para almacenar información de directorios y archivos en un disco o partición; es decir, es la manera en la que se organizan los archivos en el disco.

También puede entenderse como un conjunto de normas y procedimientos para almacenar la información. Todo sistema operativo tiene uno, al menos, ya que los sistemas operativos actuales pueden manejar más de un sistema de archivos, aunque lo normal es que uno de ellos sea para el que están diseñados.

Un archivo o fichero es un conjunto ordenado e independiente de datos, y constituye la estructura fundamental de almacenamiento de información de todo sistema informático. Por otro lado, un directorio o carpeta es un tipo de archivo especial, cuyo contenido es la referencia a otros archivos o directorios. Un directorio es un archivo que almacena referencias a archivos.

Lo normal es utilizar dispositivos de almacenamiento, como discos duros o *pen drives,* para almacenar datos y poder acceder a ellos posteriormente.

Este acceso a los datos almacenados en los dispositivos se hace por bloques de un mismo tamaño, llamados sectores. Cuando estos sectores se agrupan en más de uno, para que se pueda acceder a más información a la vez, se denominan clústeres. El *software* del sistema de archivos es responsable de la organización de estos sectores en archivos y directorios, y mantiene un registro de qué sectores pertenecen a qué archivos y cuáles no han sido utilizados. En la práctica, un sistema de archivos también puede ser utilizado para acceder a datos generados dinámicamente, como los recibidos a través de una conexión de red.

Los sistemas de archivos tradicionales proveen métodos para crear, mover, renombrar y eliminar tanto archivos como directorios. Algunos sistemas de archivos carecen de métodos para crear enlaces (accesos directos) a directorios o archivos. Lo normal es que los sistemas de archivos actuales nos provean de todos los mecanismos para realizar todo tipo de operaciones sobre archivos y directorios o carpetas.

Para finalizar esta introducción, debemos señalar que el sistema de archivos es una estructura de almacenamiento de datos jerárquica, en forma de árbol invertido, partiendo de la raíz, de la que depende toda la estructura de directorios y de archivos.

Veamos cómo se gestionan los sistemas de archivos en Windows 10/11 y Ubuntu.

🪟 Windows 10 🪟 **Windows 11**

Para ver cómo se muestra información de los discos duros y de sus sistemas de archivos en Windows 10/11, seleccionaremos *Administrar* desde el icono de equipo, o iremos a *Panel de control → Herramientas administrativas → Administración de equipos → Administración de discos*.

Podremos ver la información de los discos duros que tenemos, así como de los sistemas de archivos, las unidades lógicas con las que se referencian y más información. Lo podemos ver en la Figura 1.16.

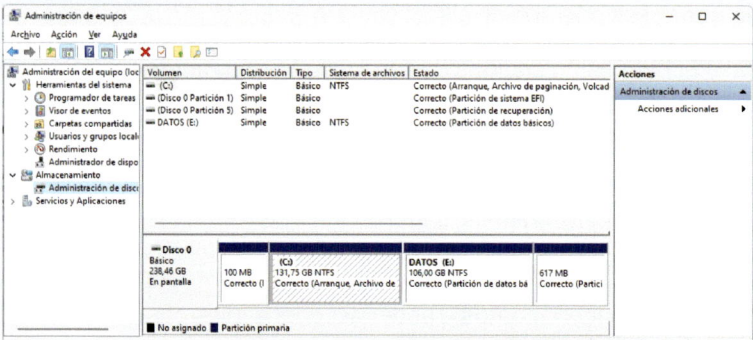

Figura 1.16. Administración de discos en Windows 10/11.

🟠 Ubuntu

En el DASH o lanzador de aplicaciones, en la casilla de búsqueda, introduciremos la cadena *Discos* y, cuando aparezca el icono que referencia la aplicación, haremos clic en él. Se mostrará una pantalla como la de la Figura 1.17.

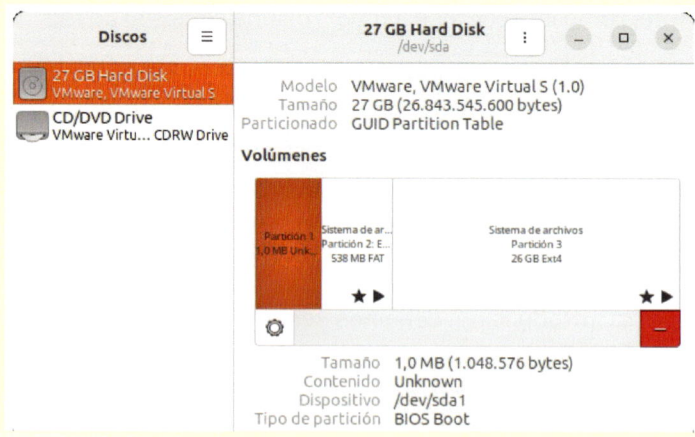

Figura 1.17. Información de los discos en Linux Ubuntu.

1.4. Gestión de procesos y recursos

Un proceso, o tarea, se puede definir como un programa en ejecución. Normalmente, el origen se encuentra en un programa que se puede ejecutar y que se denomina **programa ejecutable**. Este programa está formado por un conjunto de instrucciones y datos almacenados en un archivo o fichero, y cuando se ejecutan, es decir, cuando se carga en la memoria interna del ordenador, es cuando el programa se convierte en proceso.

Cuando un proceso se crea, este tendrá una estructura de datos llamada bloque de control de procesos (BCP), donde se almacenará información acerca del mismo.

Toda la información de un proceso que el sistema operativo necesita para controlarlo se mantiene en una estructura de datos vista anteriormente: el bloque de control de procesos o **BCP**. En sistemas operativos multiproceso, el sistema operativo mantiene listas de bloques de control de procesos para cada uno de los estados del sistema.

El BCP de cada proceso almacena información tal como:

- **Estado actual del proceso.** Ejecución, preparado o bloqueado.
- **Identificador del proceso.** Dependiendo del sistema operativo, a cada proceso se le asigna un PID.
- **Prioridad del proceso.** La asignada por el planificador.
- **Ubicación en memoria.** Dirección de memoria en la que se carga el proceso.
- **Recursos utilizados.** Recursos *hardware* y *software* para poder ejecutarse.

Mediante los algoritmos de planificación, el cargador, planificador, BCP, recursos *hardware* y *software* se sincronizan gracias al sistema operativo para la ejecución ordenada de los procesos.

Todo proceso consume recursos *hardware* de un sistema informático, y es el sistema operativo el que determina, mediante el planificador, de qué forma se asignan los recursos a cada proceso.

- Identificador del proceso.
- Número de subprocesos necesarios.
- Tiempo de CPU utilizado.
- Cantidad de memoria RTAM que se va a utilizar y memoria disponible.
- Archivos utilizados o que se van a utilizar.
- Dispositivos de E/S disponibles y necesarios.
- Datos de inicialización del propio proceso, etcétera.

Veamos en un entorno Windows cómo se pueden analizar todos los datos que hemos explicado anteriormente.

Windows 10   Windows 11

En cualquier zona de la barra de tareas que esté libre haremos clic con el botón derecho del ratón y seleccionaremos *Administrador de tareas.* También podemos pulsar las teclas **Ctrl+Alt+Supr** y seleccionar *Iniciar el administrador de tareas.* Sea de la forma que sea, llegaremos a ver la pantalla principal en la que Windows nos muestra los procesos del sistema. En Windows 10, en la parte inferior derecha, haremos clic en *Más detalles* y posteriormente en la pestaña *Detalles,* como se puede ver en la Figura 1.18.

En Windows 11, si queremos ver más sobre los procesos, pulsaremos en *Detalles,* del menú de la izquierda. Esto puede verse en la Figura 1.18.

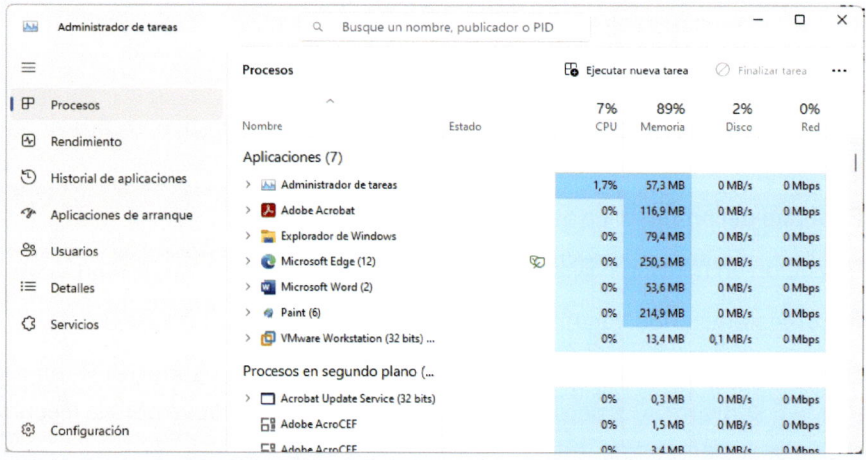

Figura 1.18. Administrador de tareas en Windows 10/11.

Se puede apreciar claramente la descripción de los procesos, su PID, el estado en el que está el proceso, etcétera.

Ubuntu

En el DASH o lanzador de aplicaciones, en la casilla de búsqueda, introduciremos la cadena *monitor del sistema,* y cuando aparezca el icono que referencia la aplicación, haremos clic en él. Se mostrará una pantalla como la de la Figura 1.19.

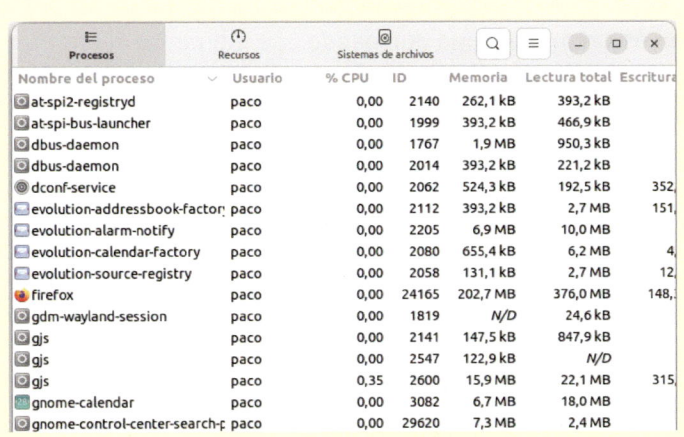

Figura 1.19. Monitor del sistema en Linux Ubuntu.

Se muestra información de los procesos, aunque de forma diferente a Windows. Es importante indicar que en Ubuntu existen otras muchas herramientas para ver los procesos y administrarlos.

Por lo general, a cada proceso se le asigna un espacio de direcciones de memoria en las que permanecerá, normalmente, mientras esté en ejecución. Este espacio de memoria no puede ser invadido por otros procesos, ya que provocaría el colapso del sistema informático, conocido comúnmente como *colgarse el equipo.*

Cuando se gestiona un proceso, el sistema operativo divide el mismo en fragmentos de igual o diferente tamaño, llamados páginas, *frames,* etc. Cuando se carga un proceso, lo que se hace es llevarlo a la memoria y asignarle un número máximo de bloques que va a emplear en la memoria. En cada uno de estos bloques de memoria se irá almacenando cada uno de los trozos del proceso, utilizando para ello las técnicas de gestión de memoria como son la memoria virtual, *swapping,* paginación, segmentación u otras.

Cuando el proceso es ejecutado, si la **UCP** quiere atender una parte del mismo que no está en memoria interna o real, hay que buscarla en otra zona de memoria (memoria virtual) y traerla hasta la memoria real. Cuando se llega a ocupar el número máximo de espacios de memoria real utilizados por un proceso, se procederá a descargar las porciones de memoria que no se estén utilizando en la memoria virtual, entrando en la memoria real la nueva parte del proceso que se quiere utilizar. Las partes del proceso que se descargan de memoria real pasando a virtual para dejar paso a la nueva sección del proceso que se va a ejecutar, suelen ser las partes del proceso más antiguas y menos utilizadas.

Lo que debe quedar claro es que cualquier programa que se esté ejecutando en un ordenador es un proceso, ya que desde ese momento el programa, denominado ya proceso, se puede ejecutar, se puede detener o se puede bloquear, entre otras muchas cosas.

Cada proceso, para poder ser ejecutado, estará siempre cargado en memoria principal, pero no solamente las instrucciones del propio código que lo componen. También estarán en memoria los datos a los que afecta la ejecución del mismo.

Un programa no es un proceso, se convierte en tal en el momento en que pase al estado de ejecución. La aplicación Word, por ejemplo, en tanto en cuanto no la estemos ejecutando no deja de ser un archivo sin más. Una vez que lo ejecutemos, el archivo Word.exe seguirá estando almacenado donde estaba originalmente. Lo que ha ocurrido es que, al ejecutar el programa, las instrucciones necesarias han pasado a la memoria principal. En este punto, es decir, cuando el programa está en ejecución, es cuando se convierte en proceso, pero no antes.

Durante la ejecución de un proceso, este compite con el resto de los procesos que se están ejecutando de forma concurrente en el sistema, por el uso de los recursos *hardware* y a veces por los recursos *software*.

El reparto de los recursos del sistema entre los distintos procesos y su ejecución concurrente se conoce como multiproceso o multiprogramación. Los sistemas operativos disponen de los servicios necesarios para la gestión de los procesos, tales como su creación, terminación, ejecución periódica, cambio de prioridad, etc. Además, durante su existencia, los procesos pasan por distintos estados cuyas transiciones están controladas por el sistema operativo.

Es importante tener en cuenta que, cuando un proceso finaliza, el sistema operativo recupera los recursos que le había asignado.

Respecto de los procesos, la gestión que el sistema operativo hace de los mismos consiste en realizar operaciones tales como:

- Crear y eliminar procesos.
- Suspender y reanudar procesos.
- Proveer mecanismos para la sincronización de procesos.
- Proveer mecanismos para la comunicación de procesos.
- Proveer mecanismos para manejar bloqueos mutuos.

1.5. Gestión y edición de archivos

Gestionar archivos no es ni más ni menos que el conjunto de acciones que se pueden realizar con los archivos y los directorios o carpetas como, por ejemplo:

- Mover

- Cortar

- Copiar

- Pegar

- Borrar

- Cambiar el nombre

A esto se le suele denominar gestión de archivos y se suele hacer con unos programas determinados que vienen en cada sistema operativo. En Windows, la gestión de archivos se hace principalmente desde Mi PC o desde el Explorador de Windows.

Es conveniente mantener una buena organización de los archivos que vayamos creando, utilizando las carpetas para organizar la información por temas o por tipos, o como consideremos mejor. Y hay que mantener un equilibrio: si usamos muchas carpetas, luego va a resultar muy trabajoso encontrar la información; y si usamos pocas, pero con muchos archivos, se nos hará igual de difícil.

Respecto de la edición de archivos, en informática significa la acción de crear o modificar un archivo informático, visualizando su resultado en pantalla.

En la edición de un archivo, lo usual es editarlo con alguna aplicación específica que pueda manejar ese tipo de formato, por ejemplo: editor de texto, editor de audio, editor de vídeo, editor gráfico, etc. En general, los sistemas operativos tienen programas propios o de terceros que permiten crear y modificar archivos de varios tipos.

En Windows podemos utilizar aplicaciones como Notepad, WordPad, y en Ubuntu Nano, Gedit u otros.

En general, editar un archivo es una acción consistente en crear o modificar un archivo informático, visualizando su resultado en pantalla.

La edición de un archivo puede hacerse a nivel texto con un editor de texto, como los comentados anteriormente, o con herramientas de mayor potencia como los procesadores de texto. Si el archivo tiene un formato específico, lo usual es editarlo con alguna aplicación que pueda manejar ese tipo de formato. Esas aplicaciones se pueden categorizar dependiendo del tipo de formato que manejan, por ejemplo, el editor de audio, editor de vídeo, editor gráfico, etcétera.

La edición de un archivo, dependiendo del formato, puede incluir acciones como copiar, cortar, seleccionar, pegar, insertar, borrar, mover, aplicar filtros, etc. Estas acciones se realizan sobre el área de trabajo de la aplicación editora.

En muchos casos, la persona que edita el archivo, puede ver constantemente el resultado de sus ediciones en pantalla, de tal forma que lo que se ve en la edición es lo que se verá generalmente toda vez que se visualice ese archivo (incluso en otros programas). De todas maneras, en ciertos casos, lo que se ve de una forma en un editor, puede verse de otra forma en otro programa o incluso en otra versión del editor. Esto suele suceder en formatos abiertos, cuando no se respetan las especificaciones establecidas.

Por último, es importante indicar que hoy por hoy, gracias a las aplicaciones de *cloud computing* y similares, podemos encontrar editores básicos y procesadores de texto que no es necesario instalar en nuestros equipos y con los que editar nuestros documentos, como Google Drive, entre otros muchos.

En la siguiente lista se muestra una recopilación de editores de texto libres, aplicaciones gratuitas para escritores, *software* libre para redacción y procesadores de texto en la nube para sistemas Windows como alternativa al principal *software* propietario de la *suite* ofimática Microsoft Office.

- **Notepad.cc** es un editor de texto en la nube muy sencillo y muy rápido. Permite agregar contraseñas a archivos de texto creados y generar una dirección web (URL) para posteriormente poder ser compartidos con otros usuarios de internet.

- **Writebox** es un editor de texto funcional en diferentes navegadores. Esta aplicación nos permite escribir texto directamente en el navegador y guardarlo localmente en nuestro equipo, o bien sincronizar el contenido en la nube directamente en una cuenta de Dropbox.

- **Simplenote** es un editor de texto en la nube muy sencillo y muy rápido. Permite crear etiquetas en los documentos e importar y exportar archivos de texto con las extensiones .csv, .json, .xml, .yaml, .atom y .enex (Evernote).

- **Google Docs** es un editor de texto integrado dentro de Google Drive. Permite compartir un mismo documento con varios usuarios a la vez a través del correo electrónico.

- **Evernote Web** es un editor de texto que también permite capturar web, fotos, archivos de vídeo y audio o documentos PDF. Todo el contenido se sincroniza para las diferentes plataformas de este mismo producto.

- **LibreOffice** es una *suite* ofimática libre y gratuita que, entre otras herramientas y utilidades, incorpora el procesador de texto Writer con posibilidad de exportar los archivos de texto a PDF y HTML. Compatible con las extensiones y formatos de texto de Microsoft Office.

- Otros editores de este tipo son: **LyX, WriteMonkey, Calligra Suite**, etcétera.

ACTIVIDADES

1.1. **Las funciones principales de un sistema operativo son las de gestionar...**

a) Procesos, memoria, dispositivos de entrada salida y periféricos.

b) Procesos, unidad aritmético-lógica, dispositivos de entrada/salida y periféricos.

c) Procesos, unidad de control y dispositivos de entrada/salida.

d) Procesos, memoria, dispositivos de entrada/salida e información.

1.2. **Las aplicaciones actuales para Windows 10 están desarrolladas para entornos de...**

a) 8, 16, 32 y 64 bits.

b) 16, 32 y 64 bits.

c) 32 y 64 bits.

d) Únicamente entornos de 64 bits.

1.3. **¿Cómo se llama la barra de tareas de Linux en versiones posteriores a la 10 y hasta la 15?**

a) DASH.

b) BASH.

c) CASH.

d) LASH.

1.4. **El modo de inicio selectico SAFEBoot_oPtIon=Minimal en Windows indica que el equipo se iniciará en...**

a) Modo seguro con símbolo del sistema sin red.

b) Modo seguro con símbolo del sistema con red.

c) Modo seguro con símbolo del sistema con controladores gráficos.

d) Todas son falsas.

1.5. **¿Es lo mismo suspender que hibernar un equipo...?**

a) Sí.

b) Sí en Windows y no en Linux, ya que Linux no tiene opción de hibernación.

c) No, ya que hibernar es guardar la información en disco y suspender en RAM.

d) No, ya que suspender es guardar la información en disco e hibernar en RAM.

1.6. **¿Qué características tiene un cuadro de diálogo en las interfaces gráficas?**

a) Que se les puede cambiar el tamaño.

b) Que son modales.

c) Que no tienen el botón de maximizar.

d) Todas las respuestas anteriores son correctas.

1.7. **¿Se puede utilizar la misma interfaz gráfica en Windows y en Linux?**

a) Sí, si la descargamos desde internet.

b) No.

c) En Windows se puede usar la de Linux, pero no a la inversa.

d) En Linux se puede usar la de Windows, pero no a la inversa.

1.8. **El editor de textos básico para texto plano de Windows recibe el nombre de...**

a) Word.

b) Writer.

c) WordPad.

d) Notepad.

COMPRUEBA TUS CONOCIMIENTOS

1.1. Personaliza el escritorio de Windows y Linux, identificando todos y cada uno de los elementos que se pueden mostrar en cada uno de ellos.

1.2. Configura Windows 10/11 para que el sistema se pueda iniciar seleccionando alguna de las opciones de inicio del arranque selectivo.

1.3. Inicia el sistema operativo Windows 10/11 en modo seguro y analiza las diferencias respecto de un arranque normal.

1.4. Suspende tu equipo Linux y reanúdalo, anotando y analizando lo que ha ocurrido en el proceso.

1.5. Analiza las diferencias entre el menú contextual de una carpeta y de un archivo tanto en Windows 10/11 como en Linux.

1.6. Ejecuta algún procesador de texto, tanto en Linux como en Windows 10/11, anotando toda la información del proceso que se crea al ejecutar el procesador de textos.

2. Organización del disco y sistema de archivos

Contenido

2.1. El sistema de archivos

Todos los sistemas operativos del mercado, sean Windows, Linux, Android, iOS, etc., almacenan información. La información que almacenan es propia del sistema operativo (programas y procesos propios del sistema), o bien almacenan información que el usuario ha introducido o generado de alguna forma (fotografías, archivos de texto, mensajes de WhatsApp, etcétera).

Lo que es relevante es que la mayoría de los sistemas operativos almacenan la información de forma muy parecida, gestionando el espacio de almacenamiento de modo similar, aunque es importante saber que no lo hacen exactamente igual.

Los **sistemas de archivos** (*File System* en inglés) estructuran la información guardada en una unidad de almacenamiento (normalmente un disco duro, disco sólido o espacio del propio sistema informático o dispositivo).

Cada sistema operativo utiliza un sistema de archivos propio, aunque hay sistemas de archivos que son compatibles en diferentes versiones, y sistemas operativos susceptibles de gestionar diferentes sistemas de archivos. El tipo de sistema de archivos lo determina el proveedor o fabricante del sistema operativo y suele asignarse o generarse cuando se instala el propio sistema operativo dentro del ordenador o dispositivo. Normalmente, el sistema de archivos se crea cuando se da formato al disco que contendrá el sistema operativo, o bien a otros discos que se utilizan simplemente para almacenar información.

El propio *software* del sistema operativo es el encargado de gestionar el sistema de archivos. El propio sistema operativo es responsable de la organización de la información (carpetas/directorios y archivos/ficheros) en los **sectores** (porciones de disco usadas para almacenar información) del espacio de almacenamiento, de tal forma que en ellos se pueda almacenar la información necesaria, manteniendo un registro de qué sectores pertenecen a qué archivos, cuáles no han sido utilizados o qué sectores no se pueden utilizar por ser físicamente defectuosos.

Los sistemas de archivos más comunes y extendidos en la actualidad disponen de métodos para crear, mover, renombrar y eliminar tanto archivos como directorios o carpetas, así como un conjunto más o menos elevado de posibles operaciones que nos permiten mantener la información almacenada y organizada de forma adecuada a nuestras necesidades.

La información que se almacena en el sistema de archivos (directorios, subdirectorios y archivos regulares) suele ser jerárquica, ramificada o en árbol invertido, aunque en algún caso excepcional podría ser plana. Por ejemplo, la primera

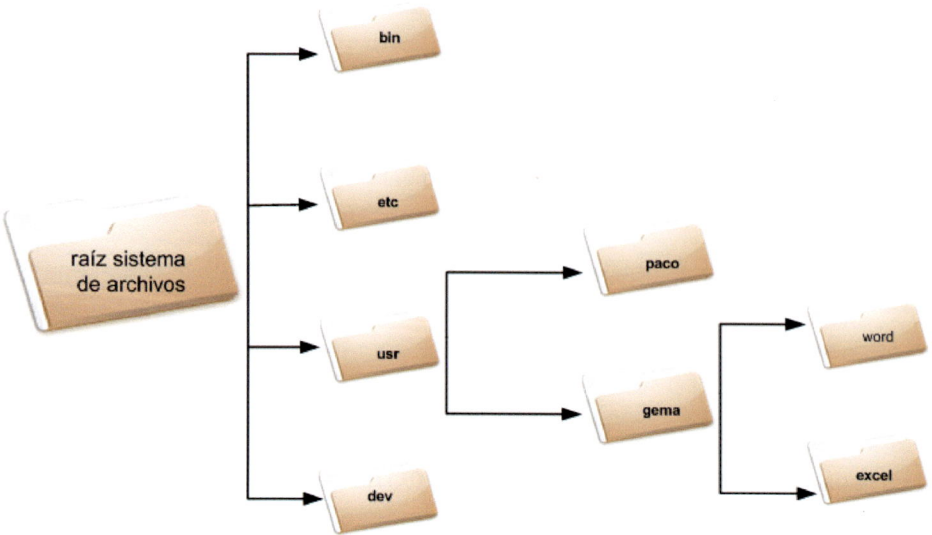

Figura 2.1. Estructura jerárquica de un sistema de archivos.

versión de MS-DOS 1.0 no gestionaba directorios o carpetas, almacenando toda la información directamente en la raíz de la estructura.

En la Figura 2.1 podemos ver la estructura jerárquica de un sistema de archivos Linux.

De forma general, los sistemas de archivos pueden ser clasificados en tres grandes categorías:

- **Sistemas de archivos de disco.** Un sistema de archivo de disco está diseñado para el almacenamiento de archivos y directorios en una unidad de almacenamiento de disco, bien sea interno o externo, sólido o convencional. Ejemplos de este sistema de archivos son EXT3, EXT4 para sistemas Linux o FAT32, NTFS para sistemas Windows.

- **Sistemas de archivos de red, o NFS** (Network File System). Son sistemas de archivos que pueden acceder a la información a través de una red de ordenadores. Un sistema de archivos de red (NFS) permite a los equipos de una red local, acceder y utilizar sistemas de archivos sobre la red e interactuar con esos sistemas de archivos como si estuvieran montados localmente. Es decir, no están físicamente gestionados por un sistema operativo en un equipo local.

- **Sistemas de archivos de propósito especial** son aquellos que no pertenecen a ninguno de los dos tipos anteriores. Por ejemplo, los sistemas de intercambio de memoria virtual utilizan particiones de *swap,* para intercambio de datos, considerándose este tipo de sistema de archivos uno de propósito general.

Los sistemas de archivos Unix distinguen normalmente entre mayúsculas y minúsculas, y permiten a las aplicaciones a nivel de usuario crear archivos cuyos nombres difieran solamente en si los caracteres están en mayúsculas o minúsculas. Microsoft Windows reconoce varios sistemas de archivos, cada uno con diferentes políticas en cuanto a la distinción entre mayúsculas y minúsculas. El popular y antiguo sistema de archivos FAT no diferencia mayúsculas y minúsculas, por lo que no pueden existir en la misma ruta dos archivos que se llamen igual, con independencia del uso de las mayúsculas y minúsculas.

Estos sistemas son o no **case sensitive,** es decir, sensibles o no a las mayúsculas y minúsculas. EXT4, o similar, de Linux suele ser *case sensitive,* al igual que los nuevos sistemas NFTS de Windows. No es así para los sistemas FAT de Microsoft.

Veamos a continuación, en la Tabla 2.1., un resumen de los sistemas de archivos actuales más importantes del mercado.

Tabla 2.1. Sistemas de archivos más importantes

Nombre	Uso	Sistema operativo (compatibilidad)	Características
FAT32	Medios de almacenamiento extraíbles	• Windows • Mac OS X/macOS • Linux (si se instalan los correspondientes controladores)	• Alta compatibilidad. • Compatible con muchos tipos de *hardware.* • Sin funciones de cifrado ni compresión. • No garantiza particularmente la seguridad de los datos. • Ideal para particiones más pequeñas. • Volumen máximo de datos: 4 GB.
exFAT	Medios de almacenamiento extraíbles	• Windows • Mac OS X/macOS (compatible a partir de 10.6.4) • Linux (si se instalan los correspondientes controladores)	• Aún no es un estándar generalizado. • No permite gestionar derechos. • No permite comprimir los datos. • Ideal para memorias *flash* más pequeñas, a partir de 32 GB (memorias USB, tarjetas SD). • Tamaños y particiones ilimitados (según el estado actual de la tecnología). • Volumen máximo de datos: 512 TB.

Nombre	Uso	Sistema operativo (compatibilidad)	Características
NTFS	Discos duros internos y externos	• Windows • Mac OS X/ macOS (de forma integral instalando un *software* adicional) • Linux (instalando controladores)	• Gestión de derechos. • Mejora de la seguridad de los datos: protege contra la pérdida y la modificación de los datos; permite el cifrado. • Permite comprimir los datos; alto rendimiento con medios de almacenamiento grandes. • Se especializa en archivos extensos y en grandes capacidades de almacenamiento. • Inadecuado para discos pequeños y particiones de menos de 400 MB (demasiada potencia). • Volumen máximo de datos: 256 TB.
APFS	Unidades SSD	• macOS (el estándar desde la versión 10.13 High Sierra) • Versiones anteriores de Mac OS y Windows (instalando un *software* adicional)	• Optimizado para unidades de estado sólido (SSD) y otros dispositivos de almacenamiento *flash*. • También funciona en unidades mecánicas e híbridas. • Permite el cifrado de datos. • Optimiza la gestión del espacio de almacenamiento (función de espacio compartido). • Función de protección contra bloqueos, que protege contra daños en el sistema de archivos (por ejemplo, en caso de caída del sistema). • Compatible con Fusion Drive desde macOS 10.14 Mojave. • Volumen máximo de datos: 8 *exbibytes*.
HFS+	Discos duros internos y externos	Mac OS X/macOS	• Sistema de archivos maduro y probado. • Especialmente indicado para discos mecánicos. • No optimizado para tecnologías de almacenamiento modernas (SSD, *flash*). • Mejor compatibilidad con versiones anteriores que APFS. • Vida útil limitada; probablemente deje de ser compatible con Apple a largo plazo.

Nombre	Uso	Sistema operativo (compatibilidad)	Características
HFS+	Discos duros internos y externos	Mac OS X/macOS	• Perderá importancia progresivamente debido a la "conversión forzada" y parcialmente automatizada a APFS. • Volumen máximo de datos: 8 *exbibytes*.
ext4	Linux	• Linux • Windows (solo con *software* adicional) • Mac OS X/ macOS (solo con *software* adicional)	En comparación con versiones anteriores de **ext**: • Mejora del rendimiento. • Mejora de la seguridad de los datos. • Incorpora cifrado (desde Linux Kernel 4.1). • La nueva función *extents* aumenta la velocidad de procesamiento de archivos grandes y evita la fragmentación. • Gestión de derechos. • Volumen máximo de datos: 16 TB.

2.1.1. Sistemas FAT

FAT (File Allocation Table) es con diferencia el sistema de archivos más simple de aquellos compatibles con Windows. El sistema de archivos FAT se caracteriza por la tabla de asignación de archivos (FAT), que es realmente una tabla que reside en la parte superior de la estructura del sistema de archivos. Es como el índice de un libro, de tal forma que, cuando se va a leer un archivo o directorio, primero se consulta la FAT, y en esta tabla se indica la posición o dirección (sector o clúster) donde empieza el archivo que hay que localizar.

Veamos este tipo de elementos dentro de un sistema de almacenamiento de disco:

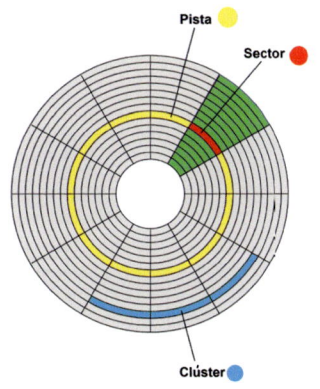

Figura 2.2. Estructura lógica de un disco.

Por lo general, e independientemente de los sistemas de archivos, los archivos se guardan en clústeres, tal y como podemos ver en la Figura 2.2. Los clústeres que ocupa un archivo no tienen por qué ser contiguos (consecutivos).

Ahora bien, ¿cómo sabe el sistema operativo cuál es la cadena de clústeres de un archivo? ¿Cuál es el primero y en cuál continúa?

El primer clúster de un archivo aparece en la entrada de directorio del archivo, junto con otros datos como el nombre, la extensión, el tamaño, la fecha de creación y los atributos del archivo. Y para saber cuáles son los clústeres siguientes de un archivo se utiliza la FAT. La FAT es una tabla formada por elementos que se corresponden con cada uno de los clústeres del disco. Es decir, el elemento situado, por ejemplo, en la posición 120 de la FAT, controla el clúster 120 del disco.

Cada elemento de la FAT puede tener uno de los tres valores siguientes:

- **Una marca especial (el valor 0)** para indicar que se trata de un clúster libre.

- **Una marca especial para indicar que se trata del último clúster** de un archivo.

- **Cualquier otro valor numérico** se interpreta como el clúster siguiente del archivo.

En definitiva, la FAT es una tabla que permite al sistema operativo utilizar clústeres no consecutivos para almacenar los archivos. Si por cualquier motivo se corrompe la FAT, posiblemente perderá gran parte de sus datos, ya que el sistema operativo no sabrá dónde continúa un archivo y dónde termina. Es tal la importancia de la FAT que normalmente se guardan dos copias de la FAT para recuperar los datos en caso de que se corrompa una de las copias.

Hay varios tipos de sistemas FAT: FAT12, FAT16 y FAT32, siendo el único utilizado y, cada vez en menor medida, FAT32, ya que los antecesores son sistemas de archivos en entornos DOS y Windows 95 y anteriores.

A título informativo, podemos indicar estos datos que pueden ser significativos para entender la evolución de los tamaños de los discos, y los tamaños de los bloques de almacenamiento o clústeres. Veamos las Tablas 2.2.a y 2.2.b.

Tabla 2.2.a.. Sistemas de archivos FAT16

Tamaño unidad FAT 16	Tamaño del clúster
Menos de 128 MB	2 KB
128 a 255 MB	4 KB
256 MB a 511 MB	8 KB
512 MB a 1 GB	16 KB
1 GB a 2 GB	32 KB

Tabla 2.2.b. Sistemas de archivos FAT32

Tamaño unidad FAT 32	Tamaño del clúster
513 MB a 8 GB	4 KB
8 GB a 16 GB	8 KB
16 GB a 32 GB	16 KB
Más de 32 GB	32 KB

2.1.2. Sistemas de archivos NTFS

Desde el punto de vista de un usuario, NTFS sigue organizando los archivos en directorios.

NTFS (New Technology File System) es un sistema de archivos diseñado específicamente para Windows NT (Windows New Technology), incluyendo las versiones 2000, 2003, XP y Vista.

El objetivo de este nuevo sistema de archivos es favorecer la seguridad y la integridad de la información. Ofrece todas las herramientas necesarias para crear, modificar, cambiar nombres, atributos, etc., a archivos y directorios, pero la gran novedad es que implementa un sistema de compresión dinámica de archivos transparente para el usuario.

Este sistema de archivos permite definir el tamaño del clúster, a partir de 512 *bytes* (tamaño mínimo de un sector), de forma independiente al tamaño de la partición que tenga el disco duro o dispositivo de almacenamiento.

Se suele utilizar en discos duros grandes o volúmenes de gran tamaño, pudiendo llegar a manejar discos de hasta 16 TB.

Al contrario que los sistemas FAT, sea FAT16 o FAT32, NTFS no es compatible con DOS ni versiones de Windows 95 y anteriores. Windows 98 en su versión SE (Second Edition) ya lo permitía. Tampoco es compatible con la mayoría de las versiones de Linux o Unix.

2.1.3. Sistema de archivos ext4

Ext4 es un sistema de archivos utilizado en sistemas operativos Linux debido a sus beneficios y funcionalidades.

Algunas de las ventajas que ofrece el **ext4** son, por ejemplo, poder almacenar archivos de gran tamaño en poco tiempo. Esto implica que el sistema operativo puede iniciarse en mucho menos tiempo.

Sin embargo, también tiene desventajas, como la posibilidad de fragmentación y la falta de compatibilidad con sistemas operativos no basados en Linux.

El sistema de archivos **ext4,** en comparación con otros sistemas, presenta varias ventajas y desventajas. A continuación, se detallan algunas de ellas:

a. Ventajas:

1. **Compatibilidad:** ext4 es compatible con sistemas operativos como Linux, lo cual facilita su uso en entornos que utilizan este sistema.

2. **Mayor tamaño de archivo y partición:** ext4 permite archivos más grandes y particiones de mayor tamaño en comparación con sistemas de archivos anteriores, lo cual resulta beneficioso en casos donde sea necesario almacenar grandes cantidades de datos.

3. **Mayor eficiencia en la gestión de espacio:** ext4 utiliza una técnica llamada *extents,* que mejora la eficiencia en la asignación y gestión del espacio en disco, permitiendo un mejor aprovechamiento del almacenamiento disponible.

4. **Mayor integridad de datos:** ext4 cuenta con mecanismos de seguridad y recuperación de datos que ayudan a prevenir la corrupción de archivos y garantizar la integridad de la información almacenada.

b. Desventajas:

1. **Lentitud en ciertas operaciones:** en comparación con sistemas de archivos más modernos, ext4 puede presentar cierta lentitud en operaciones como la indexación de grandes cantidades de datos o la recuperación de archivos después de un fallo del sistema.

2. **Falta de soporte para ciertas características avanzadas:** ext4 no incluye algunas características avanzadas presentes en otros sistemas de archivos, como la compresión de datos o el cifrado a nivel de archivo.

3. **Posibilidad de fragmentación:** al igual que otros sistemas de archivos, ext4 puede experimentar fragmentación a medida que los archivos crecen y se eliminan. Esto podría impactar en el rendimiento del sistema y requerir de herramientas especializadas para su mantenimiento.

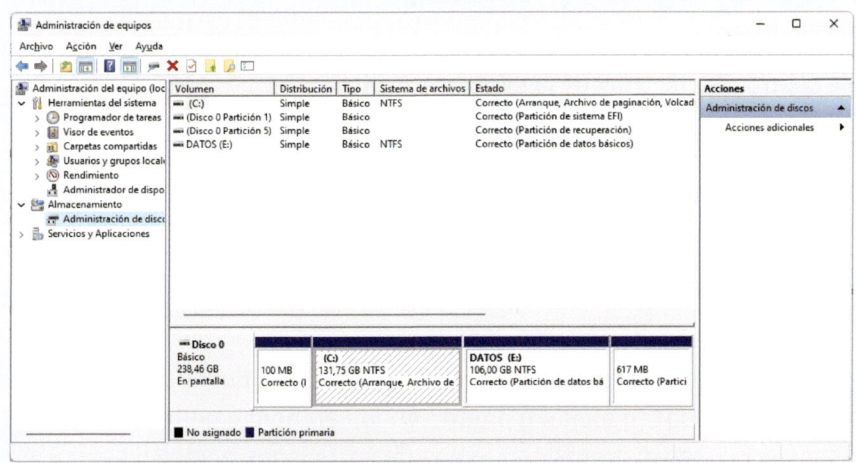

Windows 10 ■ **Windows 11**

Para ver cómo se muestra información de los discos duros y de sus sistemas de archivos en Windows 10, seleccionaremos *Administrar* desde el icono de equipo, o iremos a *Panel de control → Herramientas administrativas → Administración de equipos → Administración de discos*.

Podremos ver la información de los discos duros que tenemos, así como de los sistemas de archivos, las unidades lógicas con las que se referencian y más información. Lo podemos ver en la Figura 2.3.

El procedimiento en Windows 11 es prácticamente igual que en Windows 10. Seleccionaremos el logo Windows de la barra de tareas, y en el buscador introduciremos *Administración de equipos → Administrador de discos*.

También podemos ejecutarlo de la misma forma que hemos visto en Windows 10, desde el panel de control.

La figura mostrada es prácticamente igual que en Windows 10, es decir, lo que veíamos en la Figura 2.3

Figura 2.3. Administración de discos en Windows 10/11.

 Ubuntu

En el DASH o lanzador de aplicaciones, en la casilla de búsqueda, introduciremos la cadena *Discos* y, cuando aparezca el icono que referencia la aplicación, haremos clic en él. Se mostrará una pantalla como la de la Figura 2.4.

Se muestra información de los procesos, aunque de forma diferente a Windows. Es importante indicar que en Ubuntu existen otras muchas herramientas para ver los procesos y administrarlos.

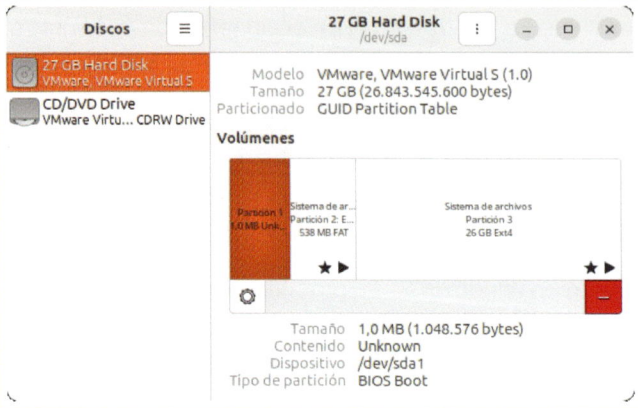

Figura 2.4. Información de los discos en Linux Ubuntu.

2.2. Unidades lógicas de almacenamiento

Por lo general, un disco duro tiene un número máximo de particiones, normalmente cuatro, clasificadas de la siguiente forma:

- Una, dos, tres o cuatro particiones primarias.

- Una, dos o tres particiones primarias y una extendida con una o varias unidades lógicas.

Las particiones se crean antes o durante el proceso de instalación de un sistema operativo.

Una partición de un disco duro es una **división lógica del espacio de almacenamiento**, en la cual se alojan y organizan los archivos mediante un sistema de archivos. Existen distintos esquemas de particiones para la distribución de particiones en un disco. Los más conocidos y difundidos son MBR (Master Boot Record) y GPT (GUID Partition Table).

Un disco duro contiene siempre una tabla de particiones que determina su estructura de particiones activas, lógicas o extendidas, así como un código de arranque para que nuestro sistema operativo pueda ser ejecutado.

Esta tabla de particiones siempre la hemos conocido como **MBR** o **Master Boot Record** y ha sido la encargada de realizar las acciones que hemos comentado.

GPT no es más que otro estilo distinto de tabla de particiones, la cual fue implementada para los modernos sistemas **UEFI** o **Unified Extensible Firmware Interface**, que ha sustituido al antiguo sistema **BIOS** de los ordenadores.

Entonces, mientras que BIOS utiliza MBR para gestionar el disco duro y el arranque del sistema, GPT está orientado a ser el sistema propio para UEFI.

Es obligatorio y necesario que toda partición posea un sistema de archivos concreto para para poder almacenar archivos y/o directorios. El espacio no asignado en un disco, es decir, un trozo de disco no particionado o un disco no particionado evidentemente no es una partición, por lo tanto, no puede tener un sistema de archivos, ni una asociación de una unidad lógica y, por lo tanto, no puede almacenar información.

En Windows, las particiones reconocidas son identificadas con una letra seguida por un signo de doble punto (p. ej. C:\). Veamos la Tabla 2.3 en la que podemos ver de qué forma se pueden identificar particiones en un disco o en varios. Estas letras con las que el sistema reconoce particiones o discos completos se denominan unidades lógicas.

Tabla 2.3. Unidades lógicas y particiones

Unidad lógica	Descripción
C:	Primera unidad de disco duro. Primera partición, que normalmente es la partición activa en la que se instala el sistema operativo.
D:	• Segunda unidad de disco duro, si solo tiene una partición. • Primera unidad de CD-ROM en ausencia de la segunda unidad de disco duro o primer *pen drive*. • Segunda partición del primer disco duro en ausencia de CD-ROM o segunda unidad de disco duro o primer *pen drive*.
E:	• Siguiente unidad de disco curo. • Siguiente unidad de CD-ROM o siguiente *pen drive*. • Siguiente partición de la primera o segunda unidad de disco duro o nuevo *pen drive*.

Todos los sistemas operativos se caracterizan por tener una estructura jerárquica de almacenamiento de la información en los espacios de almacenamiento, es decir, en las particiones de disco, si es el caso, o en las unidades sólidas o DVD. Esta información se ubica en las unidades de almacenamiento de forma arborescente, es decir, normalmente en los discos duros y, por lo tanto, en sus particiones.

Esta estructura arborescente comienza en la propia unidad de almacenamiento en la que vayamos a guardar los datos. Puede ser un disco duro, CD-ROM, *pen drive,* etcétera.

En general se habla de unidad de disco duro, de disquete, de CD-ROM, etc. Estas unidades son *hardware*, es decir, constituyen las unidades físicas.

Todo sistema operativo es capaz de gestionar varias unidades de almacenamiento. Para realizar la comunicación entre las unidades físicas y el usuario se utiliza una relación. Esta relación es la que permite al usuario reconocer las unidades físicas gracias a las **unidades lógicas**. Las unidades lógicas son la representación que el sistema operativo hace de cada unidad física.

En concreto en sistemas Windows, las unidades lógicas se representan mediante una letra del alfabeto, seguidas de dos puntos ":". La relación entre unidades lógicas y físicas es la que refleja la Tabla 2.3.

Las unidades A: y B: hacen referencia a unidades de disco flexible (disquete), que ya no se usan y que no se pueden particionar. Los disquetes no son particionables. El resto de unidades son discos o unidades de DVD, pero los discos sí que es necesario particionarlos para poderlos utilizar.

En Linux, estos dispositivos se reconocen como **sda**, **sdb**, etc., por cada dispositivo, y 1, 2, etc., por cada partición de disco, por lo que, por ejemplo, sda1 es la primera partición del primer disco duro, y **sdb3** es la tercera partición del segundo disco duro.

Veamos en la Figura 2.5 cómo se representan algunas unidades lógicas en un sistema informático, dependiendo del sistema operativo utilizado.

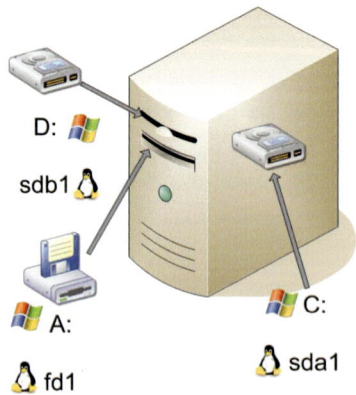

Figura 2.5. Unidades lógicas y físicas.

2.3. Estructuración de los datos

2.3.2. Carpetas o directorios

Existen distintas formas de hacer referencia a un fichero o directorio dentro de la estructura jerárquica del sistema de archivos, dependiendo de en qué parte de la estructura jerárquica se encuentre el archivo o directorio y dónde estemos ubicados nosotros dentro del sistema de archivos.

En los sistemas de archivos jerárquicos, normalmente, la ubicación precisa de un archivo dentro de la estructura se denomina **ruta** (*path* en inglés).

Una **ruta, camino** o *path* viene dada por una sucesión de nombres de directorios y subdirectorios, ordenados jerárquicamente de izquierda a derecha y separados por algún carácter especial que suele ser una barra "/" (UNIX/LINUX) o barra invertida "\" (MS-DOS, Windows) y puede terminar en el nombre de un archivo presente en la última rama de directorios especificada.

Si trabajamos con interfaz gráfica, que es lo normal, en las ventanas que sirven para explorar el sistema de archivos, en la parte superior de las mismas, se irá mostrando esta ruta, siempre desde abajo hasta arriba.

En las Figuras 2.6 y 2.7 podemos ver la forma en que se muestran las rutas en sistemas Linux o Windows. Estas rutas siempre son el resultado de explorar un directorio o carpeta, partiendo de la raíz de la estructura, que es una gran carpeta, hasta la carpeta de último nivel dentro de la estructura jerárquica.

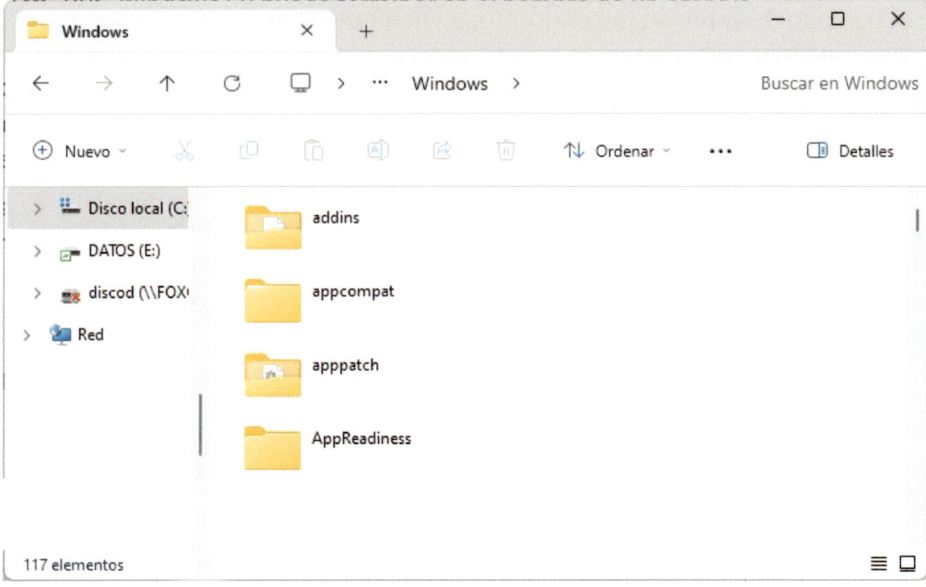

Figura 2.6. Explorador de archivos y carpetas en Windows 10/11.

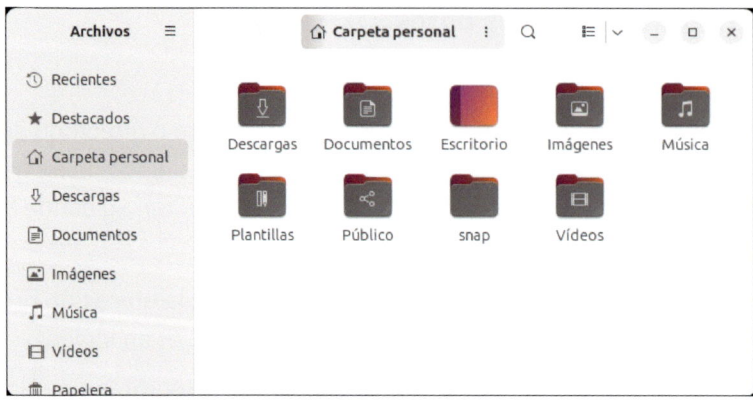

Figura 2.7. Explorador de archivos y carpetas en Linux.

La mayoría de los sistemas operativos actuales organizan los archivos en jerarquías llamadas carpetas, directorios o catálogos (el concepto es el mismo independientemente de la terminología usada). Cada carpeta puede contener un número arbitrario de archivos y también puede contener otras carpetas. Las otras carpetas pueden contener todavía más archivos y carpetas, y así sucesivamente, construyéndose una estructura en árbol en la que una carpeta raíz puede contener cualquier número de niveles de otras carpetas y archivos. A las carpetas se les puede dar nombre exactamente igual que a los archivos (excepto a la carpeta raíz, que a menudo no tiene nombre). El uso de carpetas hace más fácil organizar los archivos de una manera lógica.

Como podemos apreciar, toda la información almacenada en el ordenador, bien sea en un disco duro, *pen drive,* tarjeta de memoria o similar, se guarda siempre de la misma forma. Todo se almacena con una estructura jerárquica de directorios o carpetas, partiendo de la carpeta raíz o directorio raíz, del cual cuelga todo el contenido del dispositivo de almacenamiento.

En el ámbito físico, un directorio o carpeta no es ni más ni menos que un archivo especial, cuyo contenido es una referencia a otros archivos o carpetas. Sí, aunque parezca extraño, una carpeta es un archivo, eso sí, especial y con un contenido particular.

Como archivos que son, las carpetas tienen un nombre, una fecha de creación, unos atributos, un tamaño, etc., es decir, tienen las mismas características que los archivos. También los nombres de las carpetas o directorios respetan las mismas reglas de formación que las de los nombres de archivos.

La forma de acceder a las carpetas en entorno gráfico, ya la hemos visto reflejada en las Figuras 2.6 y 2.7, pero también podemos acceder a las mismas desde la interfaz de comandos o consola.

Si trabajamos en entorno comando o mediante la interfaz de texto, es importante tener claros dos conceptos a la hora de poder realizar operaciones sobre archivos y directorios dentro del sistema de archivos. Estos dos conceptos son los siguientes:

- **Unidad activa.** Solo en sistemas Windows, referencia a la letra que indica la unidad lógica con la que se corresponde una unidad física sobre la que el sistema operativo tiene el control o está situado. Los sistemas Linux no gestionan unidad activa. Esta cuestión la veremos más adelante.

- **Directorio activo.** Carpeta o directorio en el que el símbolo del sistema indica que estamos o sobre el que el sistema operativo tiene el control.

Veamos en las Figuras 2.8 y 2.9, cómo se muestran las rutas unidad activa y directorios activo, según cada sistema operativo.

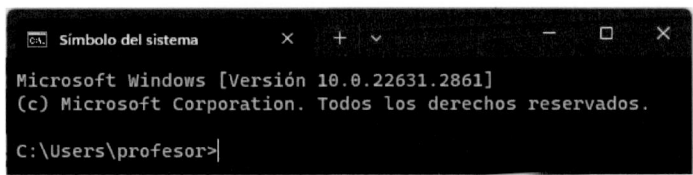

Figura 2.8. Ruta en entorno comando en Windows 10/11.

Figura 2.9. Ruta en entorno comando en Linux.

Es muy importante tener claros estos conceptos, ya que no es lo mismo gestionar el sistema de archivos desde la interfaz gráfica o mediante el ratón que desde la interfaz de texto, manejando el teclado.

Por lo tanto, la **trayectoria**, ruta o camino en la que está un directorio/carpeta o archivo/fichero es una colección de caracteres (letras, números y símbolos) que nos indica la posición de directorios y ficheros dentro del sistema de archivos.

Dentro de las trayectorias debemos tener en cuenta el carácter "\". Este símbolo sirve para separar los nombres de directorios y subdirectorios en sistemas Windows. En Linux el carácter separador es "/".

Las operaciones que se pueden realizar sobre las carpetas o directorios son las mismas o casi las mismas que las que se realizan sobre archivos y que se pueden resumir en crear, mover, modificar, aumentar, reducir y borrar.

2.3.2. Ficheros

Un archivo o fichero está formado por una colección de bits que son susceptibles de ser almacenados en un dispositivo de almacenamiento externo, interno, o en memoria RAM de un sistema informático.

Un archivo es identificado por un nombre y en la mayoría de los casos por una extensión, teniendo muy en cuenta que todo archivo estará contenido en una carpeta o directorio y se ubicará en una ruta, tal y como hemos explicado anteriormente.

A los archivos se les llama así, porque son los equivalentes digitales de los archivos y archivadores antiguos que se materializaban en papel.

El nombre de los archivos, al igual que el nombre de directorios o carpetas, puede tener hasta 255 caracteres en los nuevos sistemas operativos. Estos nombres pueden contener letras, números, espacios en blanco y caracteres especiales como guiones, subrayado, @, $, &, pero hay un grupo de estos caracteres que están prohibidos (", ? , ¿, \, >, <, |).

En las primeras versiones de los sistemas operativos como el DOS solo se permitían nombres de ocho caracteres y tres para la extensión.

Todo fichero es identificado por el sistema a través de la extensión del mismo. La extensión de un archivo, que suele ser de tres caracteres o en algunos casos, como en el paquete Office, de cuatro, indica el programa asociado con el que se gestionará un archivo.

Si por ejemplo un archivo se llama **documento.doc,** este se abrirá y gestionará por defecto con Word, ya que la extensión **.doc** está asociada a esta aplicación.

Esto no implica que no podamos abrir este archivo con otras aplicaciones, como LibreOffice o similares, pero por defecto cada archivo tendrá una asociación con una aplicación en el sistema.

Un archivo informático normalmente tiene un tamaño, que generalmente se expresa en *bytes*.

Las operaciones que se pueden realizar sobre los archivos son las mismas o casi las mismas que las que se realizan sobre directorios o carpetas y que se pueden resumir en crear, mover, modificar, aumentar, reducir y borrar.

El nombre de un archivo y la ruta al directorio del archivo lo identifica de manera unívoca entre todos los demás archivos del sistema informático, ya que no es posible que haya dos archivos con el mismo nombre y ruta.

2.4. Tipos de ficheros

La mayoría de los sistemas de ficheros gestionan los siguientes tipos de ficheros:

- **Ficheros regulares o normales.** Son los usuales; se crean con distintos programas como Word, Notepad, Paint, o programas similares. Su gestión y eliminación se realiza tal y como veremos más adelante. Estos archivos o ficheros pueden ser imágenes, textos, datos, cadenas binarias, etc. La extensión asociada al nombre del archivo determinará la aplicación con la que por defecto serán gestionados.

- **Directorios.** Son un tipo especial de ficheros que contienen referencias a otros ficheros y directorios; se crean y modifican en entorno gráfico a golpe de ratón o en entorno texto como veremos más adelante. Al igual que los ficheros normales o regulares, tienen un nombre que los identifica dentro de la estructura jerárquica del sistema de archivos.

- **Ficheros de dispositivos de caracteres** o **bloques.** Son los que en sistemas como Linux permiten la comunicación con el *hardware* y los periféricos.

- **Tuberías con nombre** *(named pipes)* o también llamados ficheros FIFO. Permiten la comunicación entre procesos. Son de uso exclusivo del sistema.

- *Sockets.* Son un tipo de archivo especial que comunica procesos en la red. En Windows se denominan *svchost.exe.*

- **Enlaces simbólicos o accesos directos.** Son un tipo de archivos cuyo contenido es la dirección y ruta efectiva de otro archivo o directorios. Simplemente son enlaces a otros ficheros.

En sistemas como Linux, este tipo de archivos se identifican con una letra, tal y como se indica a continuación en la Tabla 2.4.

Tabla 2.4. Descripción de archivos del sistema

Carácter	Tipo
-	fichero normal
d	directorio
l	enlace simbólico
c	fichero de dispositivo de caracteres
b	fichero de dispositivo de bloques
p	tubería
s	*socket*

De forma similar en Windows, cuando visualizamos el contenido de un directorio en entorno texto, podremos apreciar que los directorios se identifican con <dir> y el resto de archivos o ficheros con ningún carácter en concreto.

Las características que describen un archivo son:

- **Tamaño.** Es el tamaño en *bytes.*

- **Fecha de creación y modificación.** Especifica la fecha de última modificación del fichero y en su caso la de creación.

- **Nombre.** La longitud máxima del nombre es de 255 caracteres sin que puedan utilizarse caracteres especiales como *,$, ?, ´,",/, \.

- **Atributos o permisos.** Qué es lo que se puede hacer con el archivo. Leerlo, modificarlo, borrarlo o explorarlo.

- **Seguridad.** Quiénes pueden hacer qué operaciones sobre el archivo o archivos en cuestión.

2.5. Carpetas y archivos del sistema

Windows 10   Windows 11

En las siguientes tablas aparecen las principales carpetas especiales divididas en dos grupos, carpetas especiales comunes a todos los usuarios y las de cada usuario en específico.

Estas carpetas son exclusivas del sistema y de cada usuario que inicia sesión en el sistema. Veamos la Tabla 2.5.

Tabla 2.5. Carpetas de sistema

Descripción de la carpeta	Ubicación de la carpeta
Carpeta de Windows	C:\Windows
Carpeta del sistema	C:\Windows\System32
Archivos de programa	C:\Program Files
Archivos de programa, datos comunes	C:\Program Files\Common Files
Datos de programas compartidos	C:\ProgramData
Fuentes	C:\Windows\Fonts
Herramientas administrativas compartidas	C:\ProgramData\Microsoft\Windows\Start Menu\Programs\Administrative Tools

Descripción de la carpeta	Ubicación de la carpeta
Programas en el menú de Inicio	C:\ProgramData\Microsoft\Windows\Start Menu
Programas que se inician con Windows	C:\ProgramData\Microsoft\Windows\Start Menu\Programs\Startup
Carpetas compartidas (públicas)	C:\Users\Public
Caché de búsquedas hechas en Windows	C:\ProgramData\Microsoft\Search\Data\Applications\Windows

Las carpetas especiales son carpetas del Editor del sistema de archivos que representan carpetas de Windows predefinidas. La ubicación física de las carpetas de Windows puede variar de un equipo a otro. Por ejemplo, la carpeta del sistema puede encontrarse en **C:\Windows** en un equipo, en **D:\Window** en otro, etc. Independientemente de la ubicación física, Windows reconoce la carpeta como la carpeta *Sistema* al leer los atributos especiales.

Las carpetas personalizadas son carpetas especiales que representan a las carpetas de un equipo de destino. A diferencia de las carpetas especiales, las carpetas personalizadas no dependen necesariamente de carpetas concretas del equipo de destino. Pueden crearse nuevas carpetas en tiempo de instalación. También se pueden crear carpetas personalizadas que se correspondan con carpetas predefinidas de Windows distintas de las definidas como carpetas especiales.

Los tipos de carpetas especiales y personalizadas disponibles en un proyecto de implementación difieren según el tipo de proyecto. En la Tabla 2.6 podemos ver algunas de las carpetas especiales en Windows.

Tabla 2.6. Carpetas especiales

Carpeta especial	Representa
Carpeta *Aplicación*	Una carpeta de aplicación bajo la carpeta *Archivos de programa*. Normalmente, C:\Archivos de programa\Nombre de la compañía\Nombre de la aplicación.
Carpeta de datos de programas comunes	Carpeta oculta de Windows Vista y Windows 7 que se usa para almacenar los datos de programa que se aplican a todos los usuarios del sistema. La carpeta se encuentra en %systemdrive%\ProgramData.

Carpeta especial	Representa
Carpeta *Archivos comunes*	Una carpeta para los componentes que las aplicaciones comparten. Normalmente, C:\Archivos de programa\ Archivos comunes.
Carpeta *Archivos comunes* (de 64 bits)	Es igual que la carpeta *Archivos comunes,* pero se utiliza exclusivamente con instaladores de 64 bits.
Carpeta personalizada	Una carpeta que se crea en un equipo de destino o una carpeta de Windows predefinida, que no es una carpeta especial. De forma predeterminada, se encuentra en la misma ubicación que la carpeta *Aplicación.*
Carpeta *Fuentes*	Carpeta virtual que contiene fuentes. Normalmente, C:\Winnt\Fuentes.
Carpeta *Redestinable de módulos*	Carpeta personalizada que se puede utilizar para especificar una ubicación alternativa para un módulo de combinación.
Carpeta *Archivos de programa*	El nodo raíz de los archivos del programa. Normalmente, C:\Archivos de programa.
Carpeta *Archivos de programa* (de 64 bits)	Es igual que la carpeta *Archivos de programa,* pero se utiliza exclusivamente con instaladores de 64 bits.
Carpeta del sistema	La carpeta del sistema de Windows para archivos compartidos del sistema. Normalmente, C:\Winnt\System32.
Carpeta del sistema (de 64 bits)	Es igual que la carpeta del sistema, pero se utiliza exclusivamente con instaladores de 64 bits.
Carpeta *Datos de programa* del usuario	Una carpeta que sirve para almacenar datos específicos de la aplicación para cada usuario. Normalmente, C:\Documents and Settings\nombreDeUsuario\Datos de programa.
Escritorio del usuario	Una carpeta que contiene archivos y carpetas que aparecen en el escritorio de cada usuario. Normalmente, C:\Documents and Settings\nombreDeUsuario\Escritorio.
Carpeta *Favoritos* del usuario	Una carpeta que sirve para almacenar los elementos favoritos del usuario. Normalmente, C:\Documents and Settings\nombreDeUsuario\Favoritos.
Carpeta *Datos personales* del usuario	Una carpeta que sirve para almacenar los documentos de cada usuario. Normalmente, C:\Documents and Settings\ nombreDeUsuario\Mis documentos.

Carpeta especial	Representa
Menú *Programas* del usuario	Una carpeta que contiene los grupos de programas de un usuario. Normalmente, C:\Documents and Settings\nombreDeUsuario\Menú Inicio\Programas.
Menú *Enviar a* del usuario	Una carpeta que contiene los elementos del menú *Enviar a* de un usuario. Normalmente, C:\Documents and Settings\nombreDeUsuario\SendTo.
Menú *Inicio* del usuario	Una carpeta que contiene los elementos del menú *Inicio* de un usuario. Normalmente, C:\Documents and Settings\nombreDeUsuario\Menú Inicio.
Carpeta *Plantillas* del usuario	Una carpeta que contiene las plantillas de documentos de cada usuario. Normalmente, C:\Documents and Settings\nombreDeUsuario\Plantillas.
Carpeta *Windows*	El directorio raíz de Windows o del sistema. Normalmente, C:\Winnt.
Carpeta *Web personalizada*	Una carpeta personalizada en un servidor web, identificada por una dirección HTTP.

Por otro lado, existen las carpetas de usuario; lógicamente se encuentran todas en el interior del directorio con el nombre del usuario del equipo, que se encuentra en la ruta C:\Users\NombreDeUsuario, C:\Usuarios\Nombre-DeUsuario o C:\Document And settings\NombreDeUsuario, según la versión de Windows.

En cada equipo difiere la ruta necesaria para llegar a ellas, dependiendo del nombre de usuario. En la Tabla 2.7 podemos ver estas carpetas.

Tabla 2.7. Carpetas personales de usuario

Carpeta de perfil	Mis imágenes
Escritorio	Contactos
Mi música	Favoritos
Mis documentos	Programas que se inician con Windows
Programas en el menú de Inicio	Archivos temporales de internet
Recientes	Cookies
Mis sitios de red	Datos de programa
Datos del navegador Firefox	Enviar a
Datos del navegador Google Chrome	Historial
Archivos temporales	

Ubuntu

De forma similar a Windows, Linux tiene sus propias carpetas especiales que son utilizadas por el sistema y por el usuario para fines concretos. Veamos en la Tabla 2.8 las más significativas.

Tabla 2.8. Directorios de sistema en Linux.

/ (la raíz)
Este es el directorio madre de todo sistema GNU / Linux, y de todos los OS descendientes de UNIX. De él cuelgan todos los directorios. Algunos directorios esenciales, como /etc y /sbin que deben residir directamente en él.
/boot
Aquí están los archivos estáticos relacionados con el arranque del sistema. Contiene las imágenes de entrada para los *kernels,* así como los directorios de los cargadores de arranque /grub o /syslinux. Es uno de los directorios que a veces se suele montar en una partición independiente.
/etc
Este es un directorio esencial en Linux, contiene la mayor parte de los archivos de configuración del sistema, casi todos en modo texto, con los que cualquier administrador (y usuario linux) interactuará para editar configuraciones avanzadas del sistema. Contiene archivos tan conocidos como: fstab, hostname, locale.conf, localtime (enlace simbólico), etc, sudoers, etc. Y el subdirectorio /etc/systemd.
/bin
Contiene archivos ejecutables importantes accesibles para todos los usuarios del sistema, como ls, cp, mount, etc. En algunas distribuciones modernas ha pasado de ser un verdadero directorio a ser un enlace simbólico a /usr/bin con el fin de unificar el directorio de ejecutables.
/sbin
Contiene archivos ejecutables para el administrador del sistema *(root),* como por ejemplo fdisck. En algunas distribuciones modernas ha pasado de ser un verdadero directorio a ser un enlace simbólico a /usr/bin con el fin de unificar el directorio de ejecutables.
/lib
Contiene las bibliotecas (a veces mal llamadas librerías) de código compartido por muchos programas. En algunas distribuciones modernas ha pasado de ser un verdadero directorio a ser un enlace simbólico a /usr/lib con el fin de unificar el directorio de bibliotecas.
/usr
Este directorio aloja la mayoría de los programas de un sistema Linux. Contiene algunos subdirectorios similares a los de la raíz, como /usr/bin y usr/lib. También contiene el subdirectorio /usr/share/X11 (archivos relacionados con el sistema de ventanas X). Algunos administradores de sistemas montan este directorio en su propia partición.

/opt
Este directorio está pensado para alojar programas no directamente prefabricados o compilados para el OS, que normalmente no están en los repositorios oficiales, como /opt/calibre u /opt/google/chrome.
/home
Este directorio contiene todos los subdirectorios de los usuarios con su nombre /home/juan /home/mami /home/papi. Dentro de cada uno están no solo todos los archivos de cada usuario: documentos, música, vídeos, etc., sino que además está toda la configuración personalizada de todos sus programas de usuario, como temas, iconos, accesos directos, marcadores de Firefox, o las configuraciones de sus cuentas de correo de Thunderbird. Es altamente recomendable que /home tenga siempre su propia partición, que normalmente para un sistema de usuario ocupará la mayor parte del disco duro. De esta manera, se podrá fácilmente reinstalar el sistema operativo en la partición raíz (/) de unos 20 GB, sin perder datos de usuario ni configuraciones de programa.
/root
Este es el directorio del usuario *root,* que lógicamente tiene su propia *home* separada de los demás.
/var
Contiene archivos efímeros de diferentes tipos, como registros del sistema *(logs),* colas de impresión, de correo, de noticias, etc. En sistemas de tipo servidor que registren gran actividad, como servidores de correo o de grupos de noticias (Usenet), conviene que /var resida en su propia partición.
/tmp
Como muchos programas necesitan crear archivos temporales, es aquí donde lo hacen. El sistema se encarga de su limpieza periódica, para que no se acumulen demasiados archivos.
/mnt
Este es el directorio tradicional de Linux para montar dispositivos extraíbles, como /mnt/floppy o mnt/cdrom. Cada vez se utiliza menos y en la mayoría de las **distros modernas** se utiliza /media en vez de él.
/dev
Como Linux trata a la mayoría de los dispositivos de *hardware* como si fuesen archivos, el sistema operativo debe tener un lugar en el sistema de archivos para poder acceder a ellos. Esto se hace en /dev, donde podemos acceder a todas las interfaces de dispositivos.
/pro
No es un directorio normal, sino un sistema de archivos virtual que Linux crea dinámicamente para proporcionar acceso a cierto tipo de información del *hardware* que no se encuentra accesible a través de /dev.

2.6. Estructura y configuración del explorador de archivos

El explorador es una herramienta indispensable en un sistema operativo, ya que con ella podemos organizar y controlar los archivos y carpetas de los distintos sistemas de almacenamiento que dispongamos, como puede ser el disco duro, la disquetera, etcétera.

Windows 10   Windows 11

El Explorador de Windows también es conocido como el Administrador de archivos. A través de él podemos, por ejemplo, ver, eliminar, copiar o mover archivos y carpetas.

En Windows 10/11, el explorador de archivos es diferente respecto de versiones anteriores al incorporar la cinta *(Ribbon)* de Office. A continuación, veremos algunas de las opciones más interesantes del mismo.

Para ejecutar el explorador de archivos en Windows pulsaremos en el botón de *Inicio* y después en *Explorador de archivos.* Si no vemos el icono, basta con clicar en la barra de tareas sobre la carpeta que indica lo mismo. Una vez mostrado, pulsaremos arriba a la derecha en el elemento ⌄ que permite desplegar el menú de acciones y opciones, y que se representa por la **cinta**, o *Ribbon*. Se mostrará una ventana como la de la Figura 2.10.

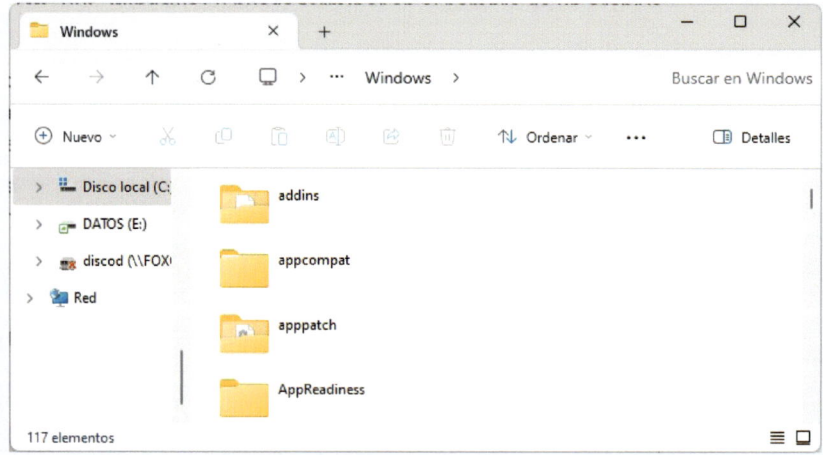

Figura 2.10. Explorador de archivos.

Este cambio en la interfaz del explorador supone la eliminación de los menús Archivo, Edición, Ver, Herramientas y Ayuda, que estaban ocultos por defecto (hasta que se pulsa la tecla Alt) desde Windows Vista[7].

En Windows 8, 9, 8.1 y 10, el contenido de estos menús se reparte en las cuatro pestañas **Archivo, Inicio, Compartir y Vista**.

En Windows 11 las opciones son más en cantidad y en prestaciones, pero la base sigue siendo la misma.

Además de estas pestañas, otras aparecen según el elemento que tengamos seleccionado. Por ejemplo, al seleccionar una unidad de disco, se muestra **Herramientas de unidad,** desde donde puedes desfragmentar, optimizar y limpiar el disco.

Estas opciones de carpeta son lo más parecido a las antiguas opciones del explorador. Ideal si no encuentras alguna opción en la nueva interfaz.

También se ha mejorado el cuadro de copia de archivos, mucho más intuitivo y con más opciones. Podemos verlo en la Figura 2.11.

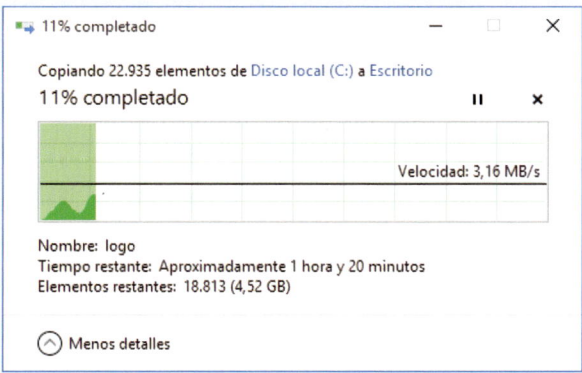

Figura 2.11. Nuevo cuadro de copia y movimiento de archivos.

La parte superior de la ventana incluye accesos directos a la carpeta de inicio y destino, el porcentaje de completado y dos botones: pausa y cancelación de la transferencia.

Pero lo que más llama la atención es la gráfica que ocupa el lugar central de la ventana en la vista expandida. Esta gráfica muestra la velocidad de transferencia a lo largo del tiempo que ha durado la copia del archivo.

La ventana de confirmación al reemplazar archivos también tiene un nuevo diseño. Otros cambios son tales como el botón **Arriba** que ha vuelto a aparecer, después de haberse retirado en las versiones de Windows Vista.

Otra gran mejora es la forma de buscar archivos y/o carpetas, ya que se ha dotado a este elemento de una nueva interfaz. Esto lo veremos en el último punto de esta unidad.

2.7. Operaciones con archivos

2.7.1. Creación

La creación de archivos es una operación que consiste en hacer que el archivo exista dentro de la estructura jerárquica del sistema de archivos, dándole al mismo un nombre, extensión y asignándole información como fecha, hora de creación y atributos. La operación de crear un archivo la haremos utilizando la herramienta o aplicación deseada (Wordpad, Photoshop, MsPaint, etc.). En este caso la operación la realizaremos en entorno gráfico. Ejecutaremos, por ejemplo, la aplicación WordPad, introduciremos el contenido y, cuando terminemos, seleccionaremos **Archivo → Guardar como**. Buscaremos la carpeta dentro de nuestra estructura en la que queremos grabar cada archivo, introduciremos el nombre y pulsamos **Guardar**.

Si la operación la realizamos en entorno texto, el procedimiento será similar, pero tendremos que introducir el nombre de la aplicación en la línea de comandos para poder ejecutarla. El resto es igual, en cuanto a las carpetas que este usuario en particular tiene en el sistema.

2.7.2. Copiar y mover

Esta operación es parecida a la de mover y copiar carpetas o directorios.

Para copiar o mover un archivo, tendremos que tener en cuenta lo mismo que hemos comentado anteriormente. Hay que saber o, mejor dicho, ver dónde está el archivo que queremos copiar y dónde lo queremos copiar.

Si utilizamos el explorador, que es lo más conveniente, procederemos de la misma forma que con las carpetas. Tendremos que ver el origen y el destino del archivo que vamos a copiar o mover. Lo seleccionamos y lo arrastramos con el botón derecho del ratón. Llegados al destino, soltamos el botón derecho y elegimos entre las opciones de copiar o mover.

También se puede hacer la operación con el botón izquierdo arrastrando el archivo de una carpeta a otra. Esta acción es de movimiento de archivo y no de copia. Si, mientras realizamos el desplazamiento del objeto, mantenemos pulsada la tecla Ctrl, la acción siempre será de copia, incluso aunque trabajemos en la misma unidad. Si mantenemos la tecla Shift pulsada, la acción será de movimiento.

Por otro lado, al realizar la copia, no podemos modificar el nombre del fichero en el destino, acción posible en modo comando. Si queremos modificar el nombre del fichero en el destino, tendremos que situarnos sobre él y luego cambiarle el nombre.

También podemos realizar la copia utilizando las opciones de cortar, copiar o pegar de la línea de menú.

Cuando ejecutamos esta orden en modo comando, tenemos que tener en cuenta que:

- Si en el directorio de destino existe un fichero con el mismo nombre, se reemplaza por el nuevo fichero, previa confirmación por parte del usuario que esté haciendo la copia.

- Esta orden no sirve para copiar ficheros ocultos ni ficheros de sistema.

- Con la orden COPY, se pueden copiar varios ficheros en uno solo; es decir, se pueden concatenar varios archivos o ficheros en otro diferente.

- Permite el uso de caracteres comodín.

En entorno comando:

COPY
Copia uno o más archivos desde la ubicación inicial a otro lugar. Si no se especifica el destino, la copia se realizará en el directorio actual. Este comando permite la utilización de comodines. Para el manejo correcto de esta orden, es necesario tener en cuenta varias cosas: • Dónde estamos situados.   • Dónde se encuentra el fichero que se va a copiar y su nombre.   • Dónde queremos copiar el fichero. Es el nombre con el que queremos copiar el fichero, con el mismo o con otro.
SINTAXIS
COPY [/V] [/N] [/Y | /-Y] [/Z] [/A | /B] origen [/A | /B]   COPY [+ origen [/A | /B] [+ ...]] [destino [/A | /B]]

MOVE
La orden MOVE mueve uno o varios archivos de un directorio a otro. Este comando también permite la utilización de comodines cuando queremos mover varios archivos a la vez.   La diferencia de MOVE respecto a COPY es clara: MOVE solamente mantiene una copia del archivo en la estructura. COPY permite mantener dos copias, el original y el nuevo archivo.
SINTAXIS
MOVE [/Y | /-Y] [unidad:][ruta]nombrearchivo1[,...] destino

XCOPY
La orden XCOPY tiene un funcionamiento parecido a la orden COPY, con la diferencia de que además de copiar uno o varios archivos, permite copiar estructuras completas de directorios.
SINTAXIS
XCOPY origen [destino] [/A | /M] [/D[:fecha]] [/P] [/S [/E]] [/V] [/W] [/C] [/I] [/Q] [/F] [/L] [/G] [/H] [/R] [/T] [/U] [/K] [/N] [/O] [/X] [/Y] [/-Y] [/Z] [/EXCLUDE:archivo1[+archivo2] [+archivo3]...]

2.7.3. Eliminación y recuperación

En este caso, solamente nos situaremos o seleccionaremos el o los archivos que queremos eliminar y pulsaremos la tecla **Supr** o el botón derecho del ratón para elegir la opción **Eliminar** del menú contextual.

Los archivos seleccionados, previa confirmación, los enviaremos a la papelera de reciclaje de donde podremos eliminarlos definitivamente o recuperarlos posteriormente.

Hay una forma de eliminar los archivos y carpetas de forma permanente sin tener que enviarlos a la papelera de reciclaje. Para ello, en las propiedades de la papelera de reciclaje activaremos la casilla de *No mover archivos a la papelera de reciclaje. Purgarlos al eliminarlos.* De esta forma, la eliminación de un archivo o carpeta siempre será permanente.

En entorno comando:

DELETE (DEL)/ ERASE
Con las órdenes DEL y ERASE, podemos eliminar archivos dentro de la estructura jerárquica. El funcionamiento es sencillo, ya que con esta orden se puede eliminar un solo fichero o varios (utilizando los comodines). No se puede utilizar para eliminar directorios, solamente para borrar los archivos regulares de un directorio.
Cuando un fichero es eliminado, en principio, se elimina de forma definitiva, aunque hay utilidades que sirven para recuperarlo. Con la orden DEL no se pueden eliminar archivos ocultos. Para eliminar ficheros ocultos es necesario quitar los atributos necesarios y después eliminar el fichero de forma normal.
SINTAXIS DEL [/P] [/F] [/S] [/Q] [/A[[:]atributos]] nombres ERASE [/P] [/F] [/S] [/Q] [/A[[:]atributos]] nombres

Para recuperar archivos borrados, siempre que hayamos trabajado en entorno gráfico, podremos ir a la papelera de reciclaje y seleccionar los archivos deseados y con el botón derecho del ratón seleccionar *Restaurar*. El archivo se restaurará en la ubicación original, sin que el borrado le hubiera afectado.

Ahora bien, si borramos el contenido de la papelera de reciclaje, desde Windows no será posible recuperar un archivo eliminado de forma definitiva. Tendremos que recurrir a aplicaciones de terceros existentes en el mercado que realizan las operaciones de *undelete* o recuperación de archivos de una forma sencilla y eficaz.

2.7.4. Otras operaciones con archivos

I. Ver el contenido de un archivo

Para ver el contenido de un archivo, en primer lugar, tendremos que identificar el icono al que está asociado.

Para ver los archivos en entorno gráfico Windows, tendremos que editarlos con la aplicación que fueron creados, es decir, un archivo Word solamente podrá visualizarse con la misma aplicación o con una totalmente compatible como Writer de OpenOffice.

Para ver el contenido de un archivo podemos actuar de varias formas:

A. Hacer doble clic sobre el icono del archivo y este se abrirá con la herramienta específica sin que el usuario tenga que hacer nada especial. Esta operación solamente ocurrirá realmente con archivos que se hayan generado con anterioridad con la herramienta en cuestión.

B. Otra forma de abrir o visualizar este mismo documento sería la de abrir en primer lugar la aplicación Word y luego seleccionar el archivo o archivos que se desea abrir.

C. Por último, podemos abrir un documento si lo arrastramos sobre el icono de acceso a la aplicación que lo generó. Se puede arrastrar sobre iconos de otras aplicaciones como Papelera de reciclaje, Icono de una impresora... En estos casos en lugar de abrirse el documento se realizará sobre él la acción adecuada según la aplicación elegida (eliminación, impresión...).

Podemos abrir o visualizar tantos documentos como queramos. Para ello, si seleccionamos varios documentos a la vez, sean del tipo que sean, si tienen asociados una aplicación, cada uno de ellos se abrirá con la herramienta correspondiente.

Recordamos que, para poder ver el contenido de un archivo, este tiene que haber sido creado previamente. Para crear un archivo en Windows, utilizaremos la herramienta necesaria. Una vez introducido el contenido del archivo, en la *línea de menú* de cualquier aplicación existe la opción de **Guardar** y **Guardar como**.

Ambas opciones hacen lo mismo, almacenar un archivo en un disco o disquete y en la zona que queramos. La diferencia es que **Guardar** siempre almacenará el archivo con el primer nombre asignado, en la carpeta y unidad seleccionada en primer lugar.

Con **Guardar como** realizaremos la misma opción, pero se nos dará la posibilidad de cambiar el nombre y la ubicación del archivo que se va a almacenar.

En entorno texto se utiliza el siguiente comando para ver ficheros o archivos de texto plano.

TYPE
Muestra el contenido de un archivo por la salida estándar (pantalla). Generalmente solo aparecerán legibles los archivos de texto. Este comando no permite el uso de comodines.
SINTAXIS TYPE [unidad:][ruta]archivo

II. Imprimir un archivo

Ocurre lo mismo que en el caso anterior. En primer lugar, tendremos que editar o visualizar el archivo y luego, en la línea de menú de la herramienta desplegada, seleccionar la opción de **Archivo → Imprimir** o directamente pulsar sobre el icono que hace referencia a la impresora.

Otra forma de imprimir un archivo es seleccionándolo. A continuación, pulsar el botón derecho del ratón y elegir la opción **Imprimir**. El resultado es el mismo y más rápido.

Es evidente que, para poder imprimir archivos, estos tienen que estar vinculados a una aplicación concreta.

En entorno texto se utiliza el siguiente comando para imprimir ficheros o archivos de texto plano.

PRINT
Con esta orden podemos imprimir el contenido de un archivo. El funcionamiento es similar a la orden TYPE, con la diferencia de que se pueden imprimir varios ficheros a la vez. Para ello, si así lo quisiéramos, podemos utilizar los caracteres comodín necesarios.
SINTAXIS PRINT [/D: dispositivo] [[unidad:][ruta]archivo[...]]

III. Cambiar el nombre a un archivo

Para realizar esta operación en entorno gráfico, simplemente seleccionaremos el archivo con el botón izquierdo del ratón y pulsaremos la tecla **F2**. De esta forma editamos el nombre del archivo para poder cambiarlo.

Otra forma de hacerlo es haciendo un doble clic mucho más lento sobre el nombre del archivo, poniéndose el nombre en modo edición. También con el botón derecho del ratón seleccionado la opción **Cambiar nombre**.

Si realizáramos una selección múltiple de archivos, podríamos modificar los nombres de todos ellos, pero teniendo en cuenta que el nombre nuevo sería el mismo para cada archivo. El archivo sobre el que realizamos la opción de cambiar el nombre tomaría el nombre nuevo. El resto de archivos se llamará igual que este, pero seguidos de un número entre paréntesis, desde el uno hasta el número de archivos seleccionados.

Por el contrario, no es posible cambiar la extensión a todos los archivos utilizando este método.

En entorno texto se utiliza el siguiente comando:

RENAME (REN)
Cambia el nombre a uno o más archivos. Este comando admite el uso de comodines. No puede existir previamente en el directorio otro fichero con el mismo nombre que se dará al fichero que se va a renombrar. Si existe trayectoria para el fichero original, esta será la del nuevo fichero. La trayectoria de destino del nuevo fichero no existe. Es decir, el nuevo fichero se crea en la trayectoria especificada del primero.
SINTAXIS RENAME [unidad:][ruta]archivo1 archivo2. REN [unidad:][ruta]archivo1 archivo2.

2.8. Búsqueda de archivos

Una de las funciones más importantes que ha sido mejorada en Windows 10 y en otros sistemas operativos es la de búsqueda de archivos o carpetas.

Veamos esto con más detalle en cada sistema operativo.

Una de las grandes mejoras en Windows 10, implantada desde Windows 7, es la forma de localizar archivos o carpetas gracias al nuevo motor de búsqueda que incorpora el sistema llamado **Search 4.0**. Esta herramienta mejorada tiene una potencia no vista hasta el momento en otros buscadores de archivos incorporados en sistemas operativos.

La herramienta de búsqueda la localizamos en la parte superior de la cualquier ventana, y en concreto en la parte superior derecha del explorador de Windows. El aspecto de este elemento es el mostrado en la Figura 2.12.

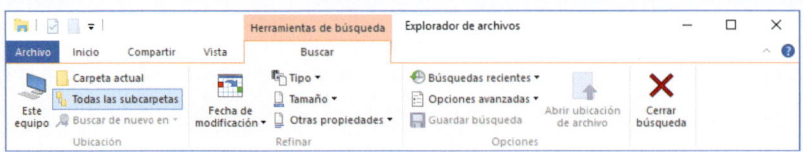

Figura 2.12. Buscador de archivos o carpetas.

En Windows 11, el buscador es más simple en un primer momento y se muestra arriba a la izquierda en la ventana que hace referencia a la carpeta en la que estemos situados.

Al iniciar la búsqueda, se mostrará una opción en la línea de menús que amplía las opciones de búsqueda. Precisamente se llama *Opciones de búsqueda.*

Para buscar cualquier elemento, introduciremos el patrón de búsqueda en donde indica *Buscar* o en el icono de lupa, y se mostrarán las *Herramientas de búsqueda de forma automática.* Si no se muestran, pulsaremos en la pestaña que indica tal elemento y se desplegará una cinta de opciones en donde podemos ver todas las opciones de búsqueda que nos ofrece esta potente herramienta.

Una vez seleccionadas todas las opciones, pulsaremos la lupa de la derecha de la caja de texto en la que hemos introducido el patrón de búsqueda.

Para utilizar la herramienta, tendremos que tener en cuenta algunas consideraciones, especialmente al introducir el patrón de búsqueda. Veamos cuales son:

A) Saber el lugar que buscamos

Lógicamente todo el mundo sabe que buscar un archivo específico en el dispositivo de almacenamiento o disco duro es a menudo un problema. Por ello, lo normal es, en primer lugar, tener almacenada la información y clasificada en carpetas, lo cual nos evitará muchos problemas a la hora de localizar archivos y otras carpetas. Indicaremos que la búsqueda la queremos hacer en la carpeta actual, en las subcarpetas de la carpeta actual o en todo el equipo. Veamos la Figura 2.13.

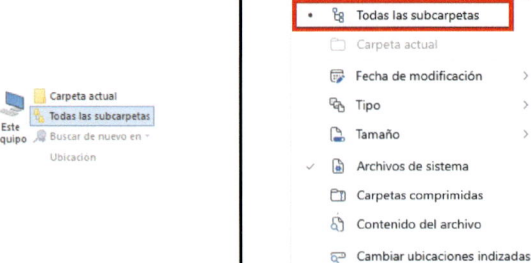

Figura 2.13. Selección del lugar donde buscar en Windows 10, a la izquierda, y Windows 11, a la derecha.

B) Usar caracteres comodines

En las búsquedas de archivos o carpetas, podremos utilizar los caracteres comodín para sustituir elementos del nombre o extensión de los archivos o carpetas que se quieren localizar, de tal forma que un patrón de búsqueda puede contar con algunos caracteres y el resto complementarse con caracteres comodín.

Bueno, los comodines son caracteres o símbolos que sustituyen caracteres o un grupo de caracteres, y los hay de dos tipos:

- **Asterisco (*).** Representará cualquier grupo de caracteres en una búsqueda. Por ejemplo *.**doc,** indicará cualquier nombre de archivo con extensión .doc. *.* indicará cualquier nombre de archivo o carpeta con cualquier extensión.

- **Interrogación (?).** Sustituye a un solo carácter en el patrón de búsqueda. Por ejemplo *.**d?c,** indicará que se quieren localizar todos los archivos cuya extensión tenga en el primer carácter una *d,* en el tercero una *c* y en el segundo cualquier cosa.

C) Filtrar búsquedas

A veces no tenemos la información necesaria para encontrar nuestro archivo, entonces sería cuestión del filtrado que nos ofrece Windows 10, que sin lugar a duda es muy potente. De esta forma, cuando busquemos un archivo o carpeta, tendremos opciones para filtrar la búsqueda, tales como tamaño o fecha de modificación.

En caso de que estemos buscando algún archivo en una de las bibliotecas o carpetas personales, los filtros se adaptarán al tipo de contenido que ofrece dicha biblioteca. Supongamos que estamos buscando un archivo en la biblioteca **Música,** entonces los tipos de filtro serían algo así: álbum, artistas, género, duración. Veamos la Figura 2.14.

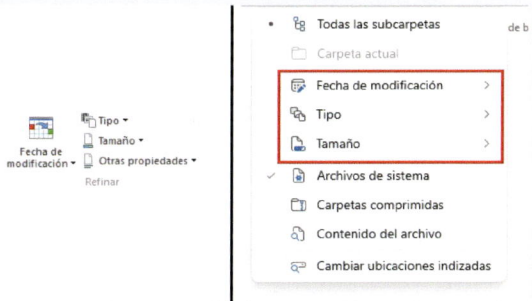

Figura 2.14. Filtros en la cadena de búsqueda en Windows, a la 10 izquierda, y Windows 11, a la derecha.

También podemos buscar el archivo haciendo clic en el cuadro de búsqueda y escribiendo de esta manera: tipo de filtro:filtro. Asimismo, se puede hacer una búsqueda por el tipo de archivo, por ejemplo, si ponemos **TIPO**, aparecerá una lista de **tipos** de ficheros por los que filtrar. Los filtros también se pueden combinar, utilizando operadores como "o", "y" o "no", además de poder utilizar comodines.

D) Previsualizar el archivo

Supongamos que queremos localizar todos los archivos de tipo **JPG** de nuestro sistema. Para ello, en la cadena de búsqueda introduciremos *.jpg y de forma automática empezamos a localizar archivos. Eso sí, previamente tendremos que haber seleccionado *Este equipo,* para que se localicen todos los archivos con extensión **.jpg** del sistema. Localizados los archivos, el resultado se mostrará tal y como se ve en la Figura 2.15.

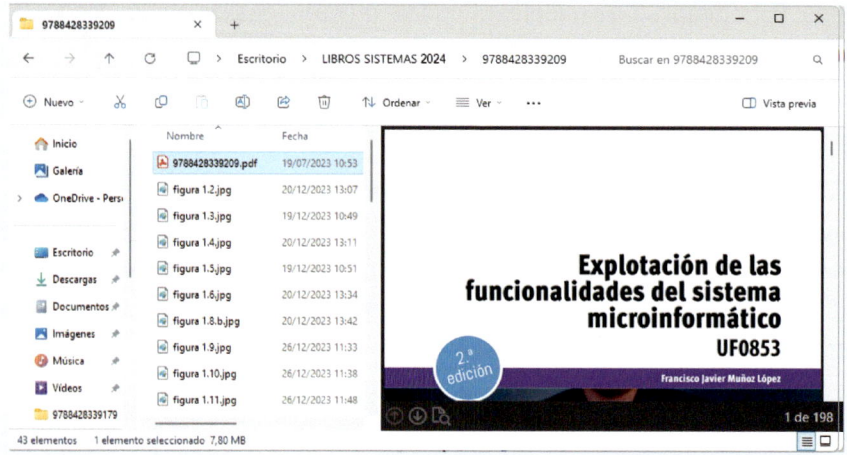

Figura 2.15. Vista previa de los elementos localizados.

Para ello, previamente en la opción *Vista* de la ventana principal del explorador de archivos de Windows 10, tendremos que haber seleccionado en la cinta de opciones: *Panel de navegación → Panel de vista previa,* mientras que en Windows 11 habremos seleccionado *Ver → Panel de vista previa.*

De esta forma, al seleccionar un elemento de los localizados, se mostrará también su contenido.

E) Agrupar

Si deseamos una forma más rápida de encontrar lo que queremos, sería mucho mejor que nuestros resultados de la búsqueda los agrupemos o separemos en varias secciones. Para eso, haremos clic con el botón derecho del ratón en una parte libre de la ventana del explorador y elegiremos la opción **Agrupar por**. Inmediatamente escogemos el criterio que más nos convenga, el cual es similar a los filtros que hemos comentado anteriormente.

Ubuntu

En Ubuntu, el buscador también se muestra en la ventana principal del explorador de archivos, con unas opciones infinitamente menores en cuanto a configuración y personalización.

Veamos en la Figura 2.16 el aspecto del buscador de archivos en Ubuntu, teniendo en cuenta que todo lo explicado para Windows es válido para Ubuntu, eso sí, con muchísimas menos opciones.

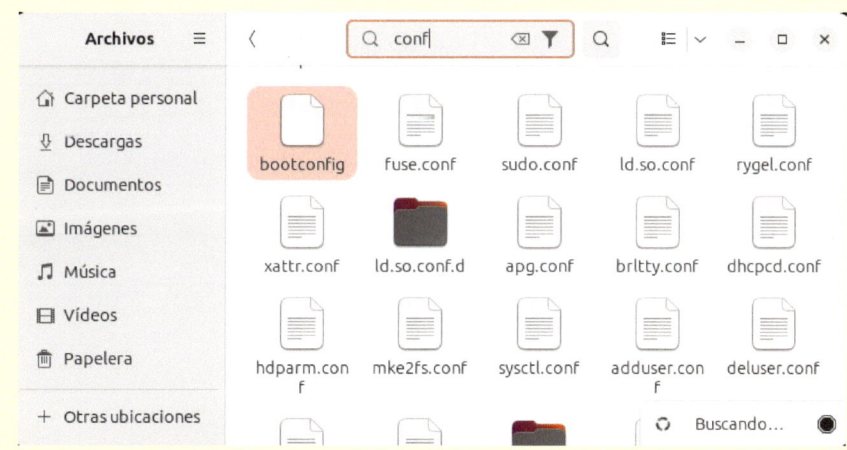

Figura 2.16. Buscador de archivos y carpetas en Linux Ubuntu.

Tampoco se pueden utilizar los caracteres comodines y las búsquedas son muchos menos flexibles. A modo de ejemplo, hemos buscado todos los archivos **.conf**, que son los de configuración del sistema. El resultado se ve en la Figura 2.16.

En la siguiente lista podemos ver algunas de las extensiones habituales y comunes de los archivos que se utilizan, entre otras cosas, como patrón de búsqueda con las herramientas del sistema explicadas.

Tabla 2.9. Extensiones comunes para archivos

EXTENSIÓN	TIPO DE ARCHIVO	PROGRAMA PARA CREARLO O VISIONARLO
.ace	Archivo comprimido	WinAce, WinRAR, IZArc
.bmp	Archivo de imagen	Visor de imágenes, XnView, ACDSee
.doc .docx	Documento de texto	Word, WordPad, OpenOffice
.exe	Aplicación	Autoejecutable
.gif	Archivo de imagen	Visor de imágenes, XnView, ACDSee
.jpg	Archivo de imagen	Visor de imágenes, XnView, ACDSee
.log	Archivo de texto	Bloc de notas, WordPad
.mp3	Archivo de audio	Reproductores de audio
.ogg	Archivo de audio	Reproductores de audio
.pdf	Documento de texto	Adobe Acrobat Reader
.ppt pptx	Presentación	PowerPoint
.pps	Presentación	PowerPoint
.ra	Archivo de audio	Reproductor Real Player
.rar	Archivo comprimido	WinRAR, IZArc
.rtf	Documento de texto	Word, WordPad, OpenOffice

ACTIVIDADES

2.1. **En general, los sistemas de archivos, en el ámbito informático suelen llamarse...**

a) File System.

b) Samba.

c) PID.

d) MBR.

2.2. **Una de las principales características de los sistemas de archivos es que...**

a) Son jerárquicas.

b) Tienen forma de árbol invertido.

c) Siempre cuentan con un directorio raíz.

d) Todas las respuestas anteriores son correctas.

2.3. **En sistemas de archivos FAT, el valor 0 sirve para indicar que se trata de...**

a) Un error en disco.

b) Un clúster libre.

c) Un clúster ocupado.

d) Un sector defectuoso.

2.4. **El número máximo de particiones que pueden hacerse en un disco duro son...**

a) Una en total.

b) Una por cada disco, teniendo en cuenta que se pueden poner cuatro discos.

c) Una primaria y una extendida.

d) Cuatro en total.

2.5. **¿Qué nombre recibe la herramienta de particionado de discos por excelencia de Linux Ubuntu?**

a) Fdisk.

b) Diskpart.

c) GParted.

d) Partition Wizard.

2.6. **La estructura física de un disco cuando viene de fábrica es de...**

a) Caras, pistas y carpetas.

b) Caras, pistas y sectores.

c) Caras, pistas y clústeres.

d) Ninguna de las anteriores respuestas es correcta.

2.7. **La longitud normal de un nombre de archivo en los nuevos y actuales sistemas de archivos es de...**

a) 8 caracteres.

b) 255 caracteres.

c) 128 caracteres.

d) 4 caracteres.

2.8. **Los caracteres comodines en los sistemas informáticos utilizados para realizar operaciones con archivos y/o directorios son...**

a) * /.

b) ¿ *.

c) * ?.

d) Ninguna de las anteriores respuestas es correcta.

COMPRUEBA TUS CONOCIMIENTOS

2.1. Si dispones de una máquina virtual de Windows 10/11, añade un nuevo disco duro de 60 GB y crea particiones de 75 % y 25 % del espacio, respectivamente. Una en FAT32 y otra en NTFS.

2.2. Si dispones de una máquina virtual de Ubuntu, añade un nuevo disco duro de un tamaño de 60 GB y creas dos particiones en edxt4, utilizando GParted, como herramienta. Si no la tienes instalada, la podrás instalar con el comando sudo *apt install gparted*.

2.3. Indica tres formas de representar la estructura jerárquica de archivos como, por ejemplo, entorno gráfico, entorno comando y algún otro sistema en el que puedas representar tal estructura.

2.4. Crea tres archivos en cada uno de los sistemas y utiliza las herramientas de gestión de archivos para verificar que lo has entendido como, por ejemplo, type, delete, etc.

2.5. En ambos sistemas, realiza una búsqueda de todos los archivos con extensión **.exe** en Windows y con extensión **.conf** en Linux.

3. Configuración de las opciones de accesibilidad

Contenido

Introducción

Windows 7/8/10 incluyen opciones y programas de accesibilidad que facilitan el uso, la visualización y la audición del equipo y permiten su personalización. Windows incorpora importantes mejoras en materia de accesibilidad.

Un ejemplo de este tipo de características es **la lupa**, ya que ahora tiene un modo lente y un modo a pantalla completa.

Por otro lado, **el teclado en pantalla** permite modificar su tamaño, lo que facilita su visualización, e incluye la escritura predictiva como función avanzada.

El **centro de accesibilidad** es el punto en el que se centra toda la configuración y personalización de todos los elementos que podremos configurar para personas con necesidades especiales y facilitar en gran medida la forma de utilizar el equipo.

Para acceder al *Centro de accesibilidad*, iremos a *Panel de Control → Centro de accesibilidad.* También podemos abrirlo directamente pulsando las teclas **Windows** + U, o bien al iniciar sesión en Windows. Se mostrará una pantalla como la de la Figura 3.1. si lo abrimos en Windows 10. En Windows 11, es similar en cuanto a las opciones, que vienen a ser las mismas, a pesar de que el aspecto es algo diferente.

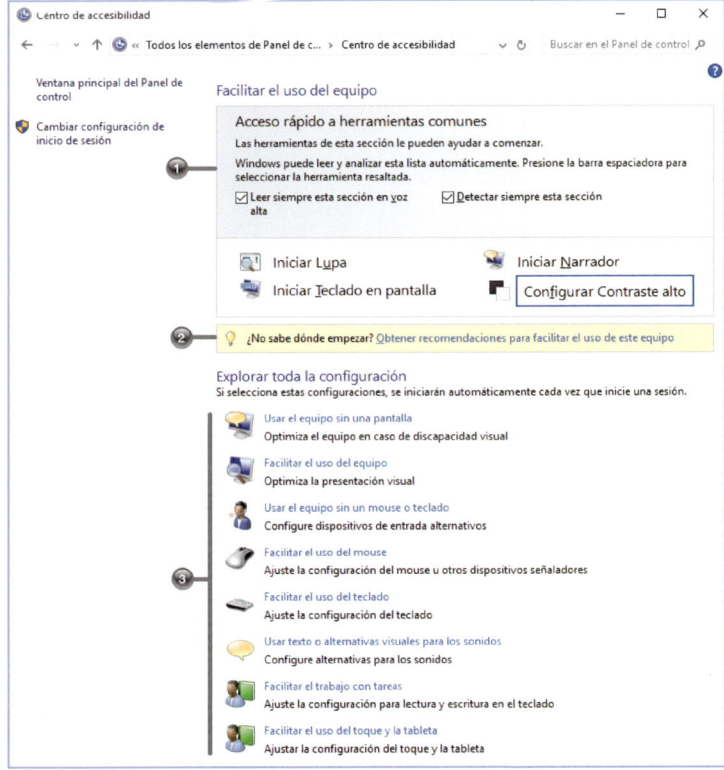

Figura 3.1. Centro de accesibilidad.

Automáticamente, se produce una narración en la que se nos invita a utilizar la lupa, contraste alto, teclado en pantalla o el narrador. En general, las opciones de accesibilidad se resumen en:

① **Acceso rápido a las herramientas comunes**. Desde aquí, configuramos la posibilidad de abrir rápidamente la lupa, el teclado en pantalla, el narrador y el contraste alto.

② **Obtener recomendaciones para facilitar el uso del equipo**. El cuestionario del centro de accesibilidad proporciona una lista personalizada de recomendaciones de configuración basadas en las respuestas dadas a una serie de preguntas sobre nuestra vista, destreza, oído, etc. Esta lista de recomendaciones personalizadas nos permite seleccionar las opciones que quiera probar.

③ **Explorar toda la configuración**. En lugar de tener que buscar las opciones de accesibilidad por diversos sitios, estas se encuentran agrupadas por temas:

- Usar el equipo sin una pantalla.
- Facilitar la visualización en el equipo.
- Usar el equipo sin un ratón o teclado.
- Facilitar el uso del ratón.
- Facilitar el uso del teclado.
- Usar alternativas visuales o de texto para los sonidos.
- Facilitar trabajo con las tareas.
- Facilitar el uso del toque y la tableta.

3.1. Opciones para facilitar la visualización de pantalla

Una de las mejores formas de ampliar los elementos mostrados en pantalla es la utilización de la lupa o programas que hagan *zoom* en la misma.

La lupa aumenta diferentes partes de la pantalla facilitando la visualización de texto e imágenes. También facilita la visualización de la pantalla completa. La lupa en Windows 7/8/10/11 incluye tres modos diferentes:

- **Modo a pantalla completa.**
- **Modo de lente.**
- **Modo acoplado.**

Respecto de versiones anteriores del elemento lupa, se ha mejorado considerablemente la calidad de la ampliación y se puede configurar el nivel de ampliación hasta dieciséis veces el tamaño original. Para elegir lo que se quiere seguir con la lupa basta un movimiento del ratón, el teclado o el editor de texto.

En la Figura 3.2 podemos ver de qué forma funciona la lupa en pantalla, con la opción que se despliega por defecto.

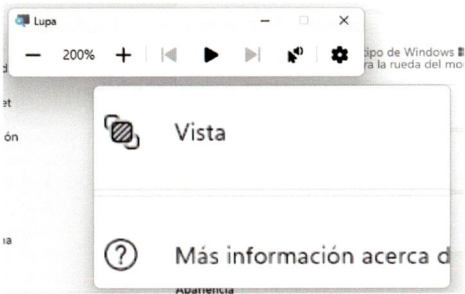

Figura 3.2. Lupa en pantalla.

Siempre que lo deseemos, pulsaremos en *Vistas* para modificar el tipo de lupa que queremos utilizar, así como en los elementos + y – para aumentar o disminuir el *zoom* de la misma.

En Windows 10, pasados unos segundos, el menú que se muestra de la lupa desaparece y en su lugar se muestra una pequeña lupa, tal y como se indica en la Figura 3.3. Asimismo, en la barra de tareas se muestra el icono que indica que la lupa está activada.

Para recuperar de nuevo el menú de lupa, hacemos clic en la lupa que se muestra en la Figura 3.3 o pulsamos directamente en el icono lupa de la barra de tareas.

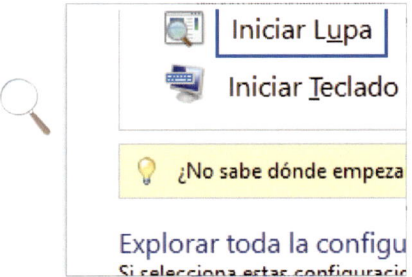

Figura 3.3. Opciones de lupa.

Una vez utilizada la lupa en pantalla, podremos cerrarla haciendo clic en el botón de cerrar de la propia ventana de configuración que se muesta al iniciar la lupa.

Otra de las opciones que podemos seleccionar para cambiar la configuración y el aspecto de la pantalla es seleccionando o activando el denominado **Contraste**

alto, o *Temas de contraste* en Windows 11. Esta configuración nos permite ver la pantalla con 32 colores básicos del sistema, de tal forma que los contrastes son mucho más significativos y cualquier persona que pudiera tener problemas a la hora de ver determinados elementos es casi seguro que con el contraste los verá.

Para activar o desactivar esta opción, iremos a la ventana principal del *Centro de accesibilidad,* tal y como se muestra en la Figura 3.1, y haremos clic en configurar contraste alto, o *Temas de contraste* en Windows 11, desde el menú de configuración, *Centro de accesibilidad.* Se mostrará una pantalla como la de la Figura 3.4, en la que podremos configurar las opciones de este tipo para mostrar los datos en pantalla.

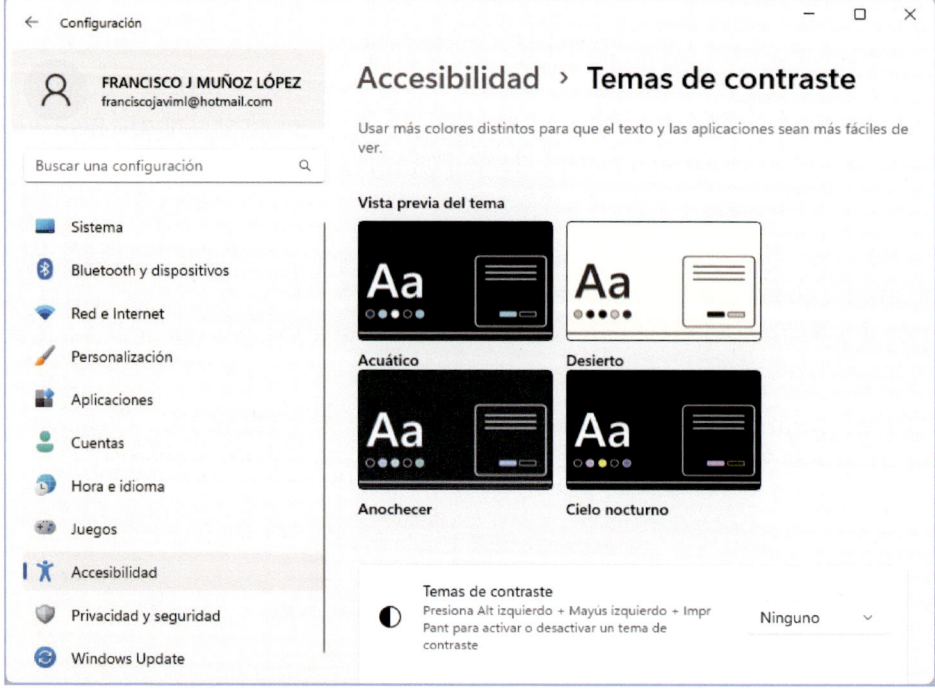

Figura 3.4. Configuración de contraste alto en pantalla.

Las opciones de configuración son básicas y bastante claras. Eso sí, para activar el contraste alto en pantalla basta con pulsar las teclas **ALT izquierda + SHIFT izquierda + Imprimir Pantalla**. Además de emitirse un pitido, se mostrará una pantalla como la de la Figura 3.5, donde se nos solicita confirmación para habilitar esta opción de pantalla.

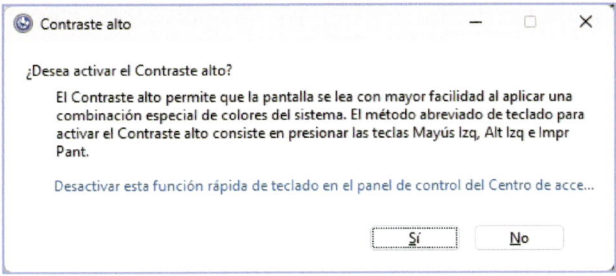

Figura 3.5. Habilitar el contraste alto en pantalla.

Activado el contraste alto, las opciones por defecto de colores y tamaños de fuentes nos mostrarán un aspecto similar al de la Figura 3.6. En este caso mostramos el panel de control.

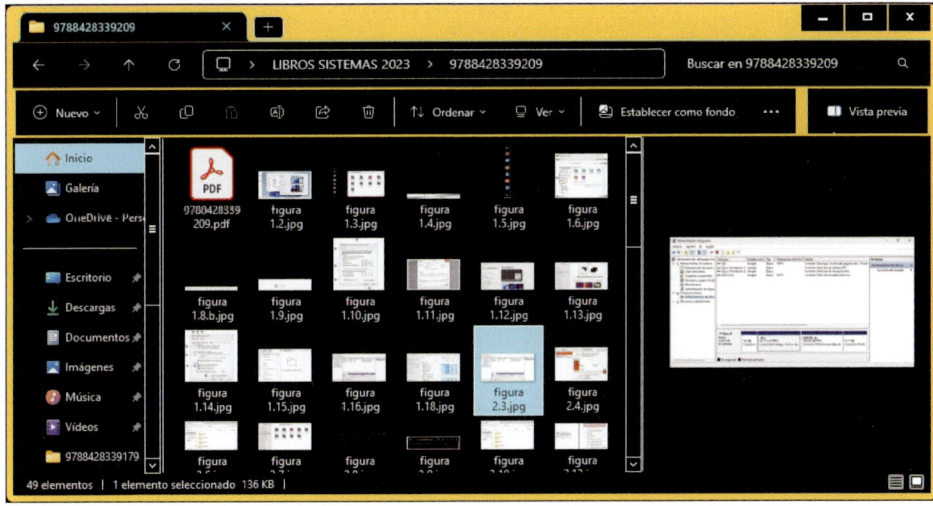

Figura 3.6. Contraste alto habilitado.

Para desactivar el contraste alto, lo normal es que se pueda hacer volviendo a pulsar la misma combinación de teclas **ALT izquierda + SHIFT izquierda + Imprimir Pantalla**. Si no se desactiva, es porque tendremos algún tema de escritorio configurado en nuestro equipo. En este caso, tendremos que ir a una zona vacía del escritorio, con el botón derecho elegir *Personaliza,* y seleccionar de nuevo el tema de escritorio que teníamos asignado con anterioridad, o bien escoger un nuevo tema. De esta forma, se desactivará la opción de contraste alto.

Estas son dos de las opciones que nos ofrece el centro de accesibilidad de forma directa y sin necesidad de configurar casi nada, pero hay que tener en cuenta que los temas de *Escritorio de Windows* nos permiten seleccionar tamaños de letra, colores de ventanas, etcétera.

Veamos a continuación de qué forma podemos personalizar un entorno estándar en otro totalmente personalizado que nos pueda favorecer la presentación en la pantalla de elementos como iconos, ventanas y texto.

Para ello, iremos directamente a una zona vacía del escritorio y con el botón derecho del ratón pulsaremos en *Configuración de pantalla*. Se mostrará una pantalla como la de la Figura 3.7.

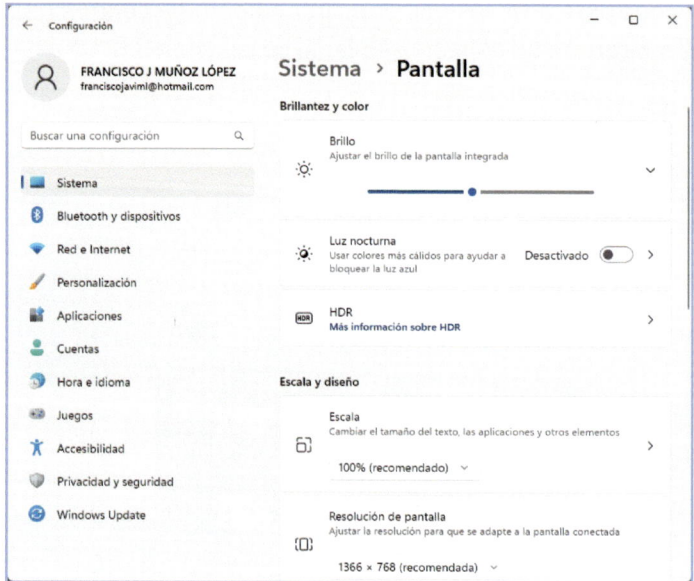

Figura 3.7. Opciones de pantalla.

Podremos configurar varias cosas, pero tal vez la más significativa es la de *Opciones avanzadas del tamaño del texto y otros elementos,* donde podremos personalizar el tamaño del texto de iconos, ventanas, títulos, e incluso ponerlo en negrita.

Para ello, iremos directamente a una zona vacía del escritorio y con el botón derecho del ratón pulsaremos en *Personalizar,* podremos cambiar los colores de las ventanas, barras de título de los demás elementos de pantalla, etcétera.

3.2. Uso de narradores

El narrador es una utilidad que incorpora Windows en sus últimas versiones y permite la lectura en voz alta del texto de la pantalla del equipo. Asimismo, el narrador describe eventos, como notificaciones o citas del calendario, para que podamos usar el equipo sin una pantalla.

La forma adecuada de iniciar el narrador es desde la pantalla de la Figura 3.1, pulsando en *Iniciar narrador o* pulsando la **tecla del logotipo de Windows** + **Ctrl + Enter**. Se desplegará la pantalla principal del narrador, tal y como se muestra en la Figura 3.8., siempre que lo hagamos en Windows 11. En Windows 10 las opciones son algunas menos, pero el funcionamiento y configuración es similar.

Figura 3.8. Opciones del narrador.

En este momento, la narración de lo que empieza a ocurrir se produce y, además, cada vez que movemos el ratón a cualquier texto o zona del escritorio, el narrador se encarga de decirnos dónde estamos y por dónde vamos.

Para ver todos los comandos del narrador, pulsaremos **Bloq Mayús + F1** después de abrir el narrador. Si el dispositivo dispone de pantalla táctil, púlsala.

La mayor parte de opciones de configuración del narrador podremos encontrarlas abriendo la configuración del narrador en la barra de tareas, solo cuando el narrador esté activado. La configuración se divide en cuatro categorías:

• **Configuración general**

— *Activa el método abreviado para iniciar el narrador.* Iniciaremos y detendremos el narrador mediante la tecla **Windows + Enter** en un teclado, o el botón **Windows + botón de subir volumen** en un dispositivo táctil.

— *Bloquear la tecla de narrador.* No tenemos que presionar la tecla de narrador (**Bloq Mayús**) para introducir un comando. Por ejemplo, para desplazarte al siguiente vínculo, presionaremos L en lugar de **Bloq Mayús + L**.

— *Escuchar los caracteres al escribir.* Los caracteres se anuncian inmediatamente después de escribirlos. También se pueden activar presionando **Bloq Mayús + F12**.

— *Escuchar las palabras al escribir.* Las palabras escritas se anuncian inmediatamente después de escribirlas.

— *Lee en voz alta los errores sonoros del narrador.* El narrador anuncia los errores como "no hay punto de referencia siguiente" o "no hay elemento siguiente".

— *Resaltar cursor.* El cursor se resalta con un cuadro de foco azul.

— *Reproducir entradas de audio.* El narrador reproduce un sonido cuando realizamos acciones como cambiar de ventanas, abrir el menú Inicio o avanzar o retroceder a distintos elementos.

— *Leer sugerencias de la interfaz de usuario.* El narrador anuncia cómo interactuar con los elementos.

— *Bajar el volumen de las demás aplicaciones cuando el narrador se esté ejecutando.* El volumen de audio de otras aplicaciones se baja para que podamos escuchar el narrador.

— *Retain notifications.* Las notificaciones pueden conservarse de treinta segundos a diez minutos.

- **Configuración de navegación**

  — *Leer la pantalla e interactuar con ella usando el ratón.* Cuando esta opción está activada, el narrador lee lo que está debajo del cursor del ratón. Usaremos el teclado numérico para mover el ratón.

  — *Activar teclas del teclado táctil al levantar el dedo.* Los caracteres se escriben en cuanto levantemos el dedo del teclado táctil.

  — *El cursor del narrador sigue el control del teclado.* Cuando esto está activado, el narrador obedecerá al teclado al usar la tecla tabulador, el cursor u otras teclas de navegación.

  — *Permitir que el punto de inserción de texto siga al cursor del narrador.* Cuando esto está activado, el narrador moverá el punto de inserción de texto al navegar por vistas, como caracteres y palabras.

— *Seleccionar el modo de movimiento del cursor del narrador.* Existen dos modos disponibles:

- El modo normal permite que el narrador se mueva entre distintos elementos, como vínculos, tablas y otros.

- El modo avanzado permite usar las cuatro teclas de dirección para mover el cursor del narrador por una representación programática de una aplicación.

- **Configuración de voz**

  — *Velocidad.* Controla la velocidad a la que habla el narrador.

  — *Volumen.* Ajusta el volumen en la que habla el narrador.

  — *Tono.* Ajusta el tono de voz del narrador.

  — *Select a different voice.* Elige entre las distintas voces del narrador disponibles en nuestro idioma.

- **Configuración de comandos.** Personalizar los métodos abreviados de teclado del narrador para mejorar el control y la facilidad de uso. De esta forma podremos personalizar un método abreviado de teclado del narrador y para ello seguiremos los siguientes pasos:

  — Elegiremos el comando que queremos personalizar.

  — Seleccionaremos *Cambiar el acceso directo de teclado del comando.*

  — En la ventana *Escribir un método abreviado de teclado,* escribiremos el método abreviado de teclado que queremos usar en el teclado. Lo normal es utilizar cualquier combinación de teclas modificadoras (Control, Mayús, Alt, Bloq Mayús o ⊞ la tecla del logotipo de Windows) junto con una tecla no modificadora.

  — Usaremos las teclas de función y el teclado numérico sin modificadores.

  — Seleccionaremos *Restaurar valores predeterminados* para devolver todos los comandos a su configuración predeterminada.

De esta forma, podremos personalizar las opciones de narración en nuestro equipo, labor que siempre será larga y un poco tediosa hasta llegar a la configuración deseada por cada usuario.

3.3. Opciones para hacer más fácil el uso del teclado o del ratón

El **teclado en pantalla** muestra un teclado visual con todas las teclas estándar. En lugar de usar un teclado físico para escribir o introducir datos, podremos utilizar el teclado en pantalla pulsando las teclas a golpe de ratón u otro dispositivo señalador.

Podremos cambiar el tamaño del teclado en pantalla de Windows 7/8/8.1/10/11 y personalizarlo para facilitar así su uso. El teclado en pantalla incorpora ahora la predicción de texto en ocho idiomas. Cuando la predicción de texto está activada, el teclado en pantalla muestra una lista de palabras que pueden coincidir con la que se está tecleando en ese momento.

Para activar el teclado en pantalla, iremos a *Panel de control → Centro de accesibilidad* o pulsaremos **Windows** + U. Allí clicaremos en *Iniciar* teclado en pantalla. Se mostrará el teclado tal y como lo vemos en la Figura 3.9.

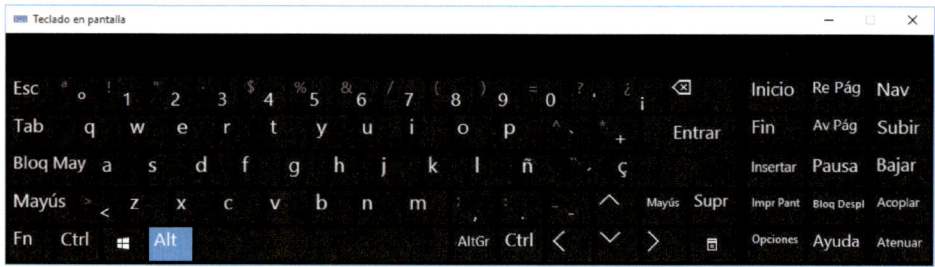

Figura 3.9. Teclado en pantalla.

De esta forma, cuando tengamos que escribir algo, no tendremos que utilizar ningún teclado. Simplemente con un monitor táctil o con un puntero o ratón podremos escribir en el equipo.

Si queremos personalizar las opciones del teclado para mejorarlas y adaptarlas a nuestras necesidades, tenemos que pulsar en la opción *Facilitar el uso del teclado.*

Por otro lado, si queremos personalizar las opciones del ratón para mejorar nuestra accesibilidad al equipo, tenemos que pulsar en la opción *Facilitar el uso del mouse*, o en Windows 11, desde el *Centro de accesibilidad,* seleccionar la opción *Mouse.*

En estas opciones, mostradas en la Figura 3.10, podremos personalizar cuestiones tales como hacer que el teclado numérico funcione con las flechas a modo de ratón, activar ventanas directamente al pasar el ratón por encima de ellas, etcétera.

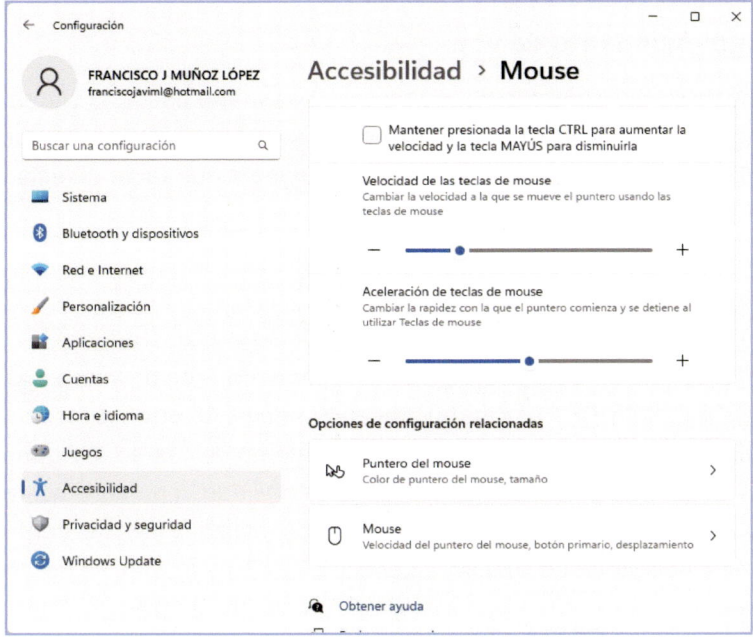

Figura 3.10. Funciones del ratón en Windows 11.

En Windows 10, si pulsamos en *Configuración del ratón,* podremos personalizar opciones del ratón tales como el tipo de puntero, velocidad del puntero, si dejará estela o no el puntero al moverse, e incluso si el ratón será utilizado o no por zurdos.

Podemos ver estas opciones en la Figura 3.11.

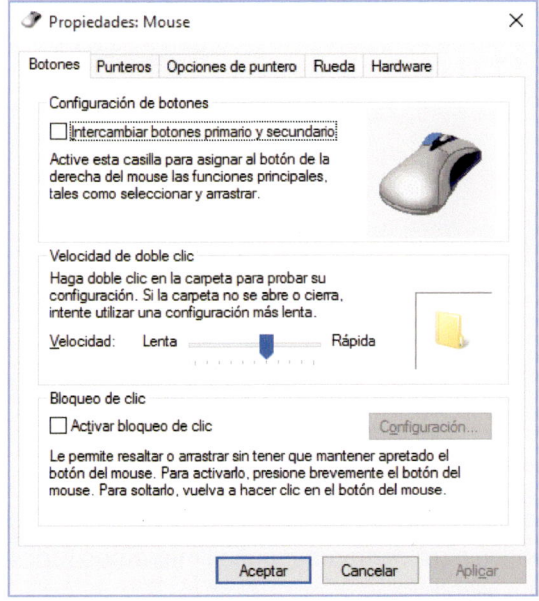

Figura 3.11. Opciones del ratón en Windows 10.

3.4. Reconocimiento de voz

El sistema de reconocimiento de voz permite al usuario hablar al sistema y que este reconozca lo que el usuario dice. Incluso se pueden configurar acciones y manejar determinados elementos sin que tengamos que tocar el teclado, el ratón o algún otro dispositivo *hardware*.

Reconocimiento del micrófono

Es importante que antes de configurar el reconocimiento de voz tengamos un micrófono instalado. Una vez instalado, en Windows 10 configuraremos el micrófono desde el *Panel de control → Reconocimiento de voz → Configurar micrófono.* En Windows 11, iremos al *Centro de accesibilidad,* y pulsaremos en *Voz → Sonido → Micrófono.* Desde esta parte podremos realizar todas las configuraciones del reconocimiento de voz. Al hacer clic en este elemento, se desplegará la pantalla principal de configuración del micrófono, entre otras muchas cosas, y que podemos ver en la Figura 3.12.

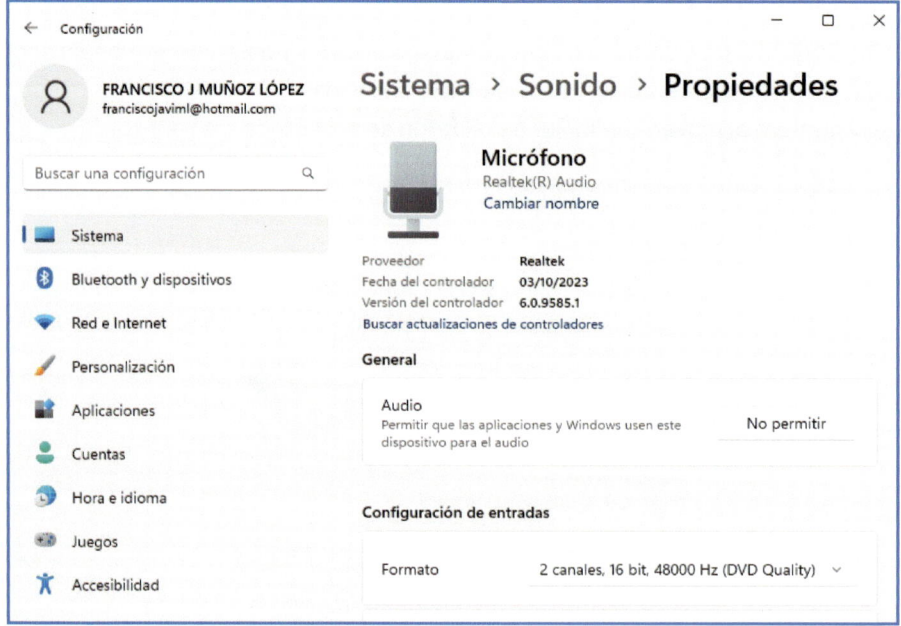

Figura 3.12. Configuración del micrófono.

A partir de este momento, seguimos las instrucciones por defecto, y realizamos las pruebas adecuadas para comprobar que el micrófono funciona correctamente y el equipo recibe señal.

La eficacia del reconocimiento de voz depende de la calidad del micrófono que utilicemos. Los dos tipos de micrófonos más frecuentes para usar el reconocimiento de voz son los auriculares con micrófono y los micrófonos de escritorio. Los auriculares con micrófono son más adecuados para trabajar con el reconocimiento de voz, ya que captan menos sonidos superfluos.

Aprendiendo a hablarle al equipo

Windows 7/8/8.1/10/11 incluyen un tutorial de aprendizaje que nos ayudará y guiará en el proceso de aprendizaje de los comandos que se utilizan de forma habitual con el reconocimiento de voz. El tutorial dura unos treinta minutos.

Para ejecutar el tutorial, iremos *a Panel de control → Reconocimiento de voz → Ver el tutorial de reconocimiento de voz* en Windows 10, y de la forma que hemos indicado anteriormente para Windows 11.

Gracias al tutorial, seremos capaces de aprender directamente a hablarle al equipo de forma sencilla y casi sin errores.

Entrenando el equipo para que reconozca nuestra voz

El reconocimiento de voz usa un perfil de voz único para reconocer nuestra voz y los comandos de voz. Cuanto más usemos el reconocimiento de voz, más detallado será nuestro perfil de voz, lo que debería mejorar la capacidad del equipo para entenderte.

Para realizar este entrenamiento, iremos a *Panel de control → Reconocimiento de voz → Entrenar el equipo para que le entienda mejor* y seguiremos las instrucciones que se muestran en la pantalla.

En Windows 11, activaremos las opciones desde el lugar correspondiente, explicado anteriormente.

Reconocimiento de voz Cortana (solo Windows 10)

Cortana es una de las características de Windows 10 más novedosa y aún en fase de experimentación. Es un sistema de reconocimiento de voz integrado en el ordenador de forma similar a los sistemas de reconocimiento de voz de los teléfonos inteligentes o *smartphone.* Con Cortana podremos abrir aplicaciones (no cerrarlas), cambiar de canción, detener la música, recordatorios y mucho más.

Cortana no solo es un buscador inteligente. También es capaz de anticiparse a nuestras necesidades ofreciéndonos información, alarmas, recordatorios y otros datos en función de nuestros gustos, hábitos y agenda.

Al activar Cortana por defecto, tendremos que pulsar el icono con forma de micrófono que está situado en la barra de tareas para poder hablar. Sin embargo, es posible activar Cortana mediante el comando de voz *Hola Cortana,* es más, lo podemos configurar para que reconozca solo nuestra voz.

Desde la Configuración podemos activar la opción para que Cortana esté escuchando permanentemente y se active cuando digamos *Hola Cortana.* Eso sí, es imprescindible contar con una cuenta de Microsoft para funcionar. Si en Windows estamos usando una cuenta local no asociada a Microsoft para iniciar la sesión, Cortana no se activará. Es obligatorio identificarse con una cuenta de Microsoft.

Abrimos el asistente personal Cortana. Para ello, iremos a la barra de búsqueda de *Buscar en la web y en Windows* y haremos clic. Se desplegará una ventana como la de la Figura 3.13.

1️⃣ En esta ventana, pulsaremos en la parte superior derecha en el ▤ , marcado con el número 1 en la Figura 3.13. Pulsamos en *Configuración* y se mostrará la pantalla de la Figura 3.14, en la que activaremos o no Cortana.

2️⃣ Desplegable con la imagen del día y varias noticias populares.

3️⃣ Probar Cortana.

En resumen, para activar Cortana se presiona sobre las tres barras horizontales de la parte superior y después Configuración. Justo debajo de la pregunta *¿Quieres que Cortana trabaje para ti?,* pasamos de OFF a ON. Tras esto, debería aparecer un pequeño círculo en la propia barra de búsquedas (número 3 de la Figura 3.13). Cada vez que lo presionamos se abrirá Cortana.

Al principio, este asistente nos preguntará por nuestro nombre. A través de este asistente, podremos llevar a cabo diferentes búsquedas de voz, tanto en nuestras aplicaciones como en internet y podremos acceder a las últimas noticias, el tiempo, etcétera.

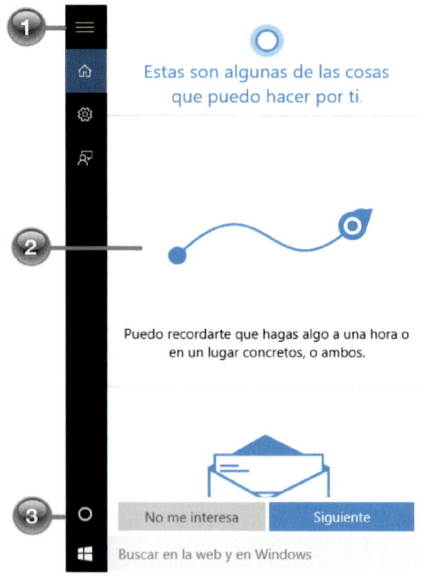

Figura 3.13. Activar Cortana.

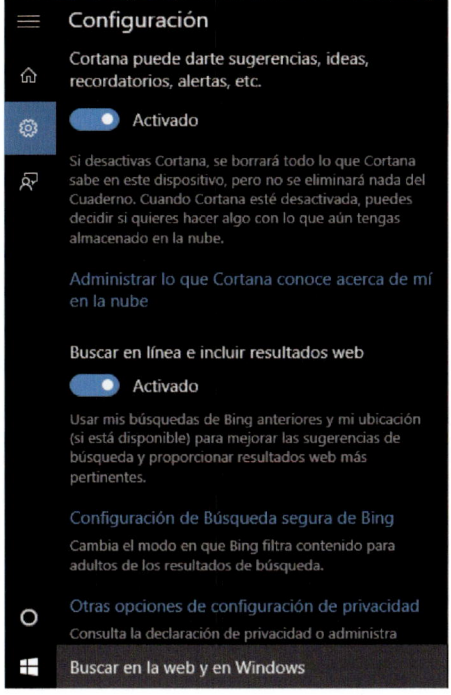

Figura 3.14. Activar Cortana.

Una vez desplegado Cortana, previo inicio de sesión con una cuenta de Microsoft, en las opciones de la izquierda seleccionamos *Cuaderno → Configuración* tal y como se muestra en la Figura 3.15.

Seguidamente activamos *Hola Cortana* pulsamos sobre *Responder mejor: A mí*. Esto es para que reconozca únicamente nuestra voz, si seleccionamos *A cualquiera*, entonces reconocerá el comando *Hola Cortana* sin importar quién hable en ese momento.

Ahora pulsamos en *Reconocer mi voz*, Cortana nos hará leer seis frases para que pueda familiarizarse con nuestra voz.

Figura 3.15. Cuaderno de Cortana.

A partir de ahora no hará falta pulsar el icono que está situado en la barra de tareas para hablar a Cortana, será suficiente con decir *Hola Cortana* y después de escuchar una señal de aviso podemos preguntarle cualquier cosa. Esto es mucho más cómodo que andar pulsando el icono de *hablar* a Cortana todo el tiempo. Incluso podemos usar el comando de voz *Hola Cortana* en segundo plano.

Actualmente Cortana está disponible en siete países: Estados Unidos, Reino Unido, China, Francia, Italia, Alemania y España.

3.5. Uso de alternativas visuales y de texto para personas con dificultades auditivas

En general, todas las versiones de Windows, a partir de Windows 7, incorporan una lista de mejoras en el centro de accesibilidad que se pueden resumir en la Tabla 3.1.

Tabla 3.1. Opciones de accesibilidad en Windows

Características	Descripción
Centro de accesibilidad	Es una ubicación central que puede usar para establecer la configuración de accesibilidad y los programas. También puede obtener recomendaciones sobre cómo configurar su equipo para facilitar su uso, visualización y escucha.
Lupa	Amplía la pantalla, o parte de ella, para facilitar la visualización de texto, imágenes y objetos.
Teclado en pantalla	Un teclado visual en pantalla con todas las teclas estándar que se puede utilizar en lugar de un teclado físico. El teclado en pantalla también permite escribir e introducir datos con un ratón u otro dispositivo señalador.
Narrador	Lee en voz alta el texto en la pantalla y describe algunos eventos (como los mensajes de error que aparecen) que ocurren mientras se utiliza el ordenador.
Reconocimiento de voz	Permite interactuar con el equipo utilizando solo la voz manteniendo, e incluso incrementando, la productividad.
Cambiar el tamaño del texto	Amplíe el tamaño del texto y de los objetos y no se pierda ningún gráfico.
Personalización	Dele un toque personal a su equipo cambiando el tema, color, sonidos, el fondo de escritorio, salvapantallas, el tamaño del texto y su imagen de usuario. También puede elegir *gadgets* específicos para el escritorio.
Táctil	Si tiene una pantalla táctil, puede trabajar de manera más directa y natural simplemente tocando la pantalla. Utilice sus dedos para desplazarse por la pantalla, cambiar el tamaño de la ventana, escuchar música, ver vídeos o hacer *zoom*.

Características	Descripción
Métodos abreviados de teclado	Combinaciones de dos o más teclas que, presionadas a la vez, permiten llevar a cabo tareas que normalmente requerirían un ratón u otro dispositivo señalador. Los métodos abreviados de teclado pueden facilitar la interacción con el equipo ahorrando tiempo y esfuerzo.
Teclas especiales	En lugar de tener que presionar tres teclas a la vez (como cuando se presionan simultáneamente las teclas Ctrl, Alt y Supr para iniciar una sesión de Windows), puede usar una sola tecla si activa Teclas especiales.
Teclas de ratón	En lugar de usar el ratón, puede utilizar las teclas de dirección del teclado o el teclado numérico para mover el puntero.
Teclas filtro	Ignore las pulsaciones que se producen en rápida sucesión o las que se mantienen involuntariamente durante varios segundos.
Avisos visuales	Reemplazan los sonidos del sistema por indicaciones visuales, como un parpadeo de la pantalla, para que el usuario pueda ver las alertas del sistema aunque no las oiga.
Subtítulos	Muestra subtítulos de texto en lugar emitir sonidos para indicar que se está realizando una actividad en el equipo.

Al margen de estas herramientas propias del sistema operativo, en el mercado podemos encontrar infinidad de herramientas y utilidades que permiten mejorar la accesibilidad al equipo y que en algunas ocasiones son más potentes y más configurables que las incorporadas por el propio sistema operativo.

Hay que tener en cuenta que un ordenador es accesible en la medida en que una persona puede usarlo con independencia de sus limitaciones psicofísicas. Hay personas que tienen problemas de visión, problemas de oído e, incluso, problemas de movilidad que les impiden hacer un uso adecuado de un sistema informático.

Para ello, fabricantes de sistemas y de aplicaciones crean utilidades herramientas, de manera que dichas limitaciones sean paliadas, en muchos casos completamente, y allanen el camino hacia la completa integración con las nuevas tecnologías para estos ciudadanos.

Los problemas más usuales que los usuarios tienen a la hora de acceder a un equipo son los **problemas de visión**.

Los ordenadores son visuales y trabajan con interfaces de tipo GUI (Graphical User Interface) casi exclusivamente, de forma que casi toda la información se presenta en la pantalla. El tamaño de la pantalla es variable, por lo que a veces hay que leer la misma información en unas pantallas con un texto mayor que en otras.

Para ello, se diseñan lupas y lectores en voz alta.

Dentro de la gama de aplicaciones de este estilo, cabe destacar **Virtual Magnifying Glass** y **Dragnifier.**

También los navegadores incorporan herramientas y utilidades de este estilo, como Mozilla Firefox, que en las extensiones para Firefox incorpora una amplísima selección de extensiones y complementos de accesibilidad. El proyecto Access Firefox agrupa todos los temas, extensiones y trucos que sirven para hacer de Firefox el navegador más accesible.

Entre los complementos más destacados están **HiViS Large,** un tema de gran tamaño, **Noise,** que añade sonidos a todas las acciones, y el impresionante **Firefox Accessibility Extension,** un *pack* con más de cincuenta mejoras de accesibilidad.

Respecto de los problemas de ceguera o vista borrosa, como la cromatopsia o daltonismo, dificultan muchísimo el uso de aplicaciones que utilizan el color para comunicarse con el usuario. Hay pocos programas para solventar este obstáculo. Algunos de ellos son:

- *EyePilot:* una ventana flotante con muchas funciones interesantes. Un clic sobre un color hará que este relampaguee en el resto de la pantalla, mientras que un filtro grisáceo ayuda a resaltar determinados colores que el usuario indique previamente.

- *TidyRead:* una extensión de Firefox que simplifica el contenido de una página con solo pulsar un atajo.

- *WinExposé:* ayuda a poner orden en el Escritorio. En general, se recomienda usar iconos grandes, fondos de pantalla neutros, temas de gran tamaño y complementos para la interfaz.

El otro gran grupo de problemas de accesibilidad informática es el representado por los problemas motores. Windows presenta el Teclado en pantalla como su aplicación estrella. En las opciones de accesibilidad hay otras utilidades, como **StickyKeys** y **FilterKeys,** pero su utilidad es limitada.

eViacam es un proyecto de código abierto, cuya utilidad es capturar los movimientos del rostro y trasladarlos al puntero del ratón; cada alto en el camino se interpreta como un clic, y una barra superior permite elegir otras acciones.

Algunas utilidades más las detallamos a continuación en la Tabla 3.2.

Tabla 3.2. Utilidades de accesibilidad

Software	Sistema operativo	DESCRIPCIÓN
JAWS	Windows	*Software* lector de pantalla para los usuarios de ordenadores cuya pérdida de visión les impide ver el contenido de la pantalla.
NonVisual Desktop Access	Windows	Es un lector de pantalla gratuito y de código abierto para el sistema operativo Microsoft Windows. Proporciona información a través de voz sintética y braille que permite usar ordenadores a personas ciegas o con discapacidad visual.
Orca	Linux	Es una fuente libre abierta y flexible, y un lector de pantalla extensible que proporciona acceso al escritorio gráfico a través de voz y braille.
Supernova		En Windows está desarrollado para personas ciegas usuarias de ordenadores. SuperNova Screen Reader es un lector de pantalla de *software* que funciona mediante la lectura de la pantalla interactiva y la comunicación a través de un sintetizador de voz o braille actualizable.
Acces To Go	Nube	Disponible en la nube, es una versión residente en la web de nuestro lector de pantalla para los usuarios de forma totalmente gratuita.
Trueno	Windows	Es un *software* parlante con un libre lector de pantalla para personas con poca visión o incluso nula. Funciona bien con Windows 7/8/10, Vista o XP. Trueno está disponible en todo el mundo en ocho idiomas.
Window-Eyes	Windows	Es un proveedor de tecnología adaptativa, que proporciona soluciones de alta calidad para personas ciegas y con discapacidad visual. Window-Eyes es el lector de pantalla más estable que se encuentra disponible en el mercado hoy en día.
Blazie	Windows	Incluye un módem interno construido para correo electrónico POP3 y acceso a internet, ruedas de desplazamiento programables y una tecla de retroceso y de entrada.
Braille Note		Similar al anterior.

ACTIVIDADES

3.1. El acceso a la gestión de un sistema informático puede hacerse a través de…

a) Narradores.

b) Teclado y ratón.

c) Pantallas táctiles.

d) Todas las respuestas anteriores son correctas.

3.2. ¿Podemos escribir letras en un ordenador que no tiene teclado?

a) No, ya que es imposible.

b) Sí, si habilitamos la opción de teclado en pantalla.

c) Sí, pero solo haciendo un copiar y pegar desde otro sitio.

d) Todas las respuestas anteriores son falsas.

3.3. ¿Windows utiliza un sistema de ayuda y reconocimiento de voz llamado…?

a) Ayuda *online*.

b) Micrófono interactivo.

c) Cortana.

d) Wizard.

3.4. Los sistemas que permiten utilizar pantallas táctiles para gestionar el sistema y las aplicaciones incorporan interfaces de usuario de tipo…

a) CLI.

b) GUI.

c) Comando.

d) Cmd.

3.5. ¿Pueden utilizar las personas ciegas los entornos de sistemas operativos actuales?

a) Sí, gracias a las interfaces GUI.

b) Sí, gracias al uso de narradores y sonidos en pantalla.

c) Solo pueden hacerlo si disponen de sistemas con impresoras braille.

d) Todas las respuestas anteriores son falsas.

3.6. **Personas con poca visibilidad o visibilidad reducida utilizarán…**

a) El sistema con pantallas de alto contraste.

b) El sistema a través de interfaces de comando.

c) El sistema a través de narradores.

d) El sistema a través de interfaces NUI.

3.7. **¿Se puede utilizar el sistema de narradores de Windows sin micrófono?**

a) Sí.

b) Sí, pero necesitamos una interfaz tipo comando.

c) Nunca.

d) Sí, solo en versiones superiores a Windows 8.1.

3.8. **La lupa es una herramienta de accesibilidad que permite…**

a) Cambiar la resolución de la pantalla.

b) Modificar el tipo de letras de la pantalla a otras más grandes.

c) Aumentar un trozo de pantalla o toda ella.

d) Todas las respuestas anteriores son falsas.

COMPRUEBA TUS CONOCIMIENTOS

3.1. Activa la lupa para poder leer un texto que previamente hayas introducido en WordPad. Cambia el tamaño del zoom, ampliándolo y disminuyéndolo para que compruebes sus efectos. Este es el texto que debes introducir:

> En un lugar de la Mancha, de cuyo nombre no quiero acordarme, no ha mucho tiempo que vivía un hidalgo de los de lanza en astillero, adarga antigua, rocín flaco y galgo corredor.

3.2. Configura el contraste alto en tu equipo y habilítalo. Trabaja un rato en este modo, activando nuevamente la lupa.

3.3. Haz que el mismo texto introducido en el documento anterior sea leído por el narrador a diferentes velocidades. Observa y analiza el resultado.

3.4. Introduce algo de texto en el mismo documento, utilizando exclusivamente el teclado en pantalla.

3.5. Cambia la velocidad del puntero del ratón para que sea algo más lenta y deje algo de estela en el movimiento.

4. Configuración del sistema informático

Contenido

4.1. Configuración del entorno de trabajo

4.1.1. Configuración regional del equipo

Para el buen uso del sistema operativo, especialmente si trabajamos dentro de una red local, es muy importante que el sistema esté perfectamente configurado en parámetros tales como fecha, hora y, por supuesto, en lo referente a la **configuración regional.**

Una configuración regional está compuesta por varias categorías, para las que existe un formato y otras especificaciones que dependen del país. La configuración regional de un programa define los conjuntos de códigos, las convenciones de formato de fecha y hora, moneda y decimales, y el orden de intercalación.

La configuración regional nos permite configurar cuestiones como el símbolo de la moneda utilizada en nuestro país, punto o coma decimal, zona horaria, etcétera.

Para acceder a la configuración regional en Windows 10, iremos al icono de configuración que se despega desde el botón de *Inicio* 🔲 . En la ventana que se muestra, iremos a la opción de *Hora e idioma → Voz, región, fecha…* tal y como se muestra en la Figura 4.1 para Windows 11 a la izquierda y para Windows 10 a la derecha.

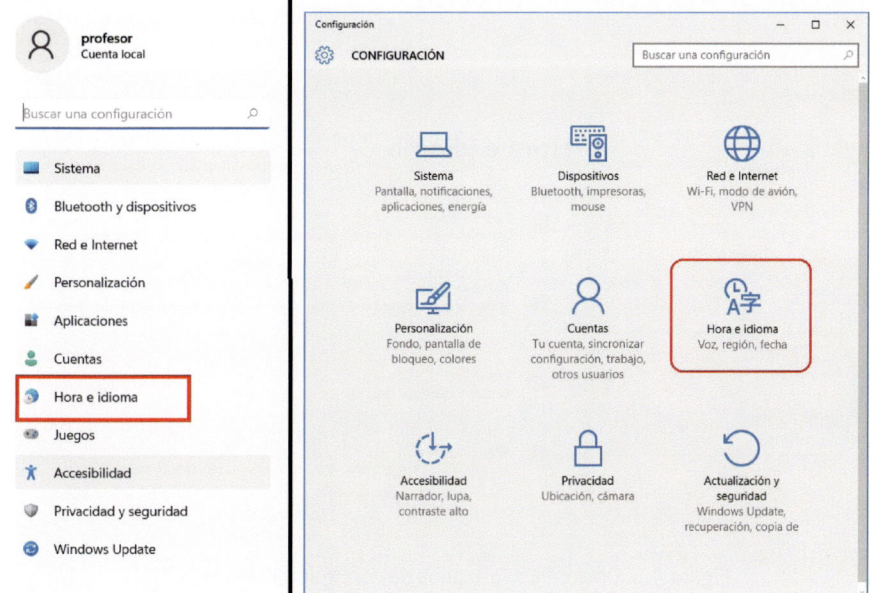

Figura 4.1. Configuración regional.

En particular, en Windows 11, se mostrará una ventana como la Figura 4.2, donde podremos realizar todos los ajustes necesarios respecto a la región, idioma, hora, etcétera.

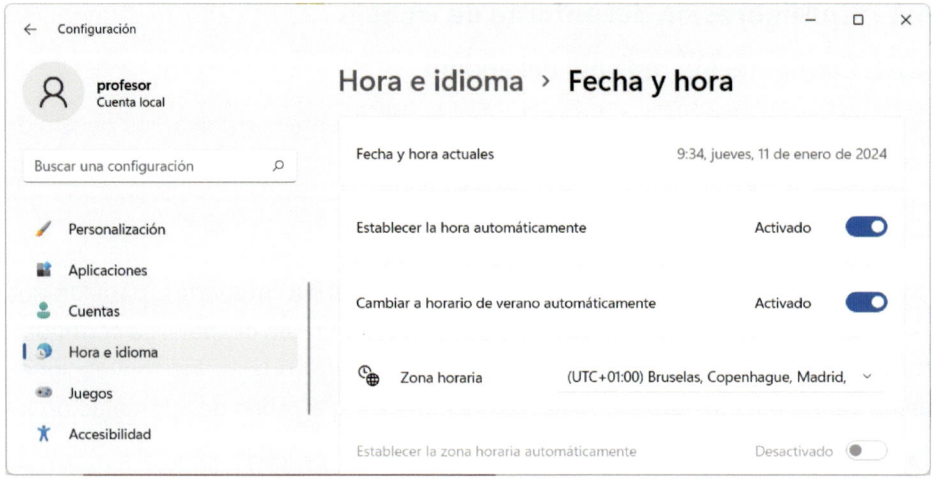

Figura 4.2. Opciones de configuración regional.

Opciones adicionales de fecha y hora y configuración regional. Cuando hacemos clic en este elemento, se despliega otra pantalla, como la de la Figura 4.3, en la que podremos configurar otras tantas opciones, siendo la más interesante la de *Cambiar formatos de fecha, hora o número.*

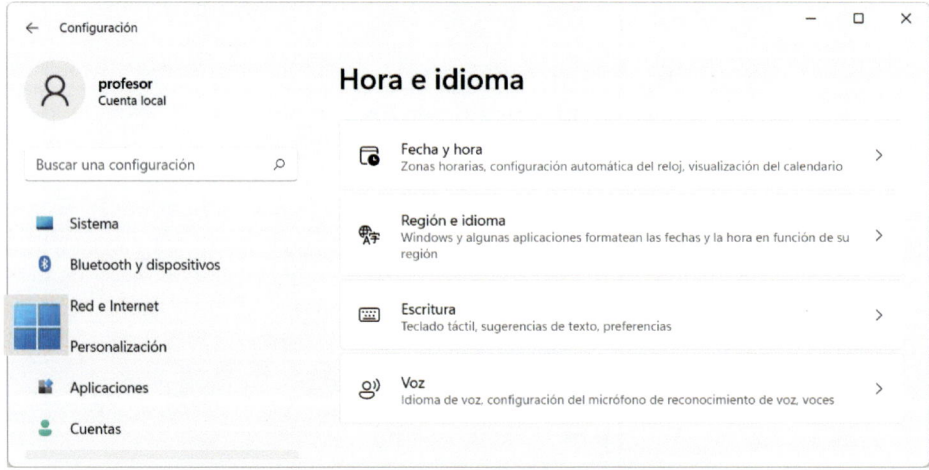

Figura 4.3. Opciones avanzadas de configuración regional.

4.1.2. Personalización de los periféricos básicos

El nuevo sistema operativo Windows 10/11 de Microsoft incorpora numerosas características y funciones nuevas. Uno de los aspectos más destacados de estas funciones es el gran repertorio de personalización que se ha introducido en esta nueva versión de Windows respecto de escritorio y periféricos como el ratón y el teclado, el énfasis en los colores de la ventana, punteros del ratón, etcétera.

Veamos los periféricos básicos personalizables en Windows, tales como teclado, ratón, monitor e impresora.

RATÓN

El tamaño del cursor del ratón, para muchos, suele ser un problema que las nuevas versiones de Windows 10 no han solucionado, ya que lo consideran demasiado pequeño. En este sentido, podremos personalizar el tamaño y color del puntero, además de otras opciones.

Lo primero que tendremos que hacer será ir al *Panel de control → Mouse*. Se mostrará una pantalla como la de la Figura 4.4, en la que podremos personalizar la mayoría de las opciones del ratón como el tipo de puntero, la velocidad del cursor, el rastro del cursor, el ratón para zurdos, etcétera.

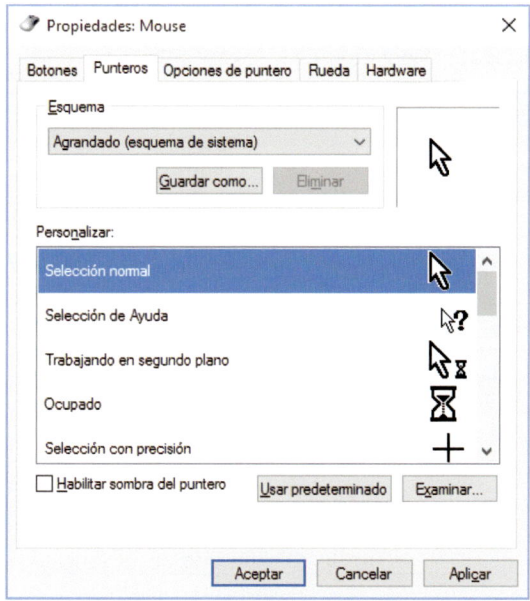

Figura 4.4. Personalización del ratón.

Recordemos que en la Unidad 3 vimos que desde *Control centro de accesibilidad* también podemos personalizar el aspecto del ratón, colores y tamaños de forma más personalizada. En Windows 11 iremos directamente a *Accesibilidad* y, desde ese elemento, podremos realizar todas las configuraciones y personalizaciones adecuadas a nuestras necesidades.

TECLADO

La personalización del teclado en Windows es mínima, pero se puede personalizar su utilización, que responde casi exclusivamente a la configuración de atajos de teclado, para que el usuario pueda realizar acciones de manera directa simplemente pulsando una o varias teclas, como lo hacemos, por ejemplo, al pulsar **Ctrl+Alt+Supr**.

Por su diseño, Windows siempre ha tenido muchos **atajos de teclado útiles** que la mayoría de la gente no utiliza, a pesar de ser increíblemente fáciles de recordar porque las combinaciones de teclas tienen sentido de ser y son en si su propia nemotecnia para que el usuario los aprenda con facilidad.

El nuevo sistema operativo Windows 10 tiene muchas novedades, y muchas de ellas cuentan con su propio atajo de teclado para activarse, y, para nuestra opinión, son bastante útiles.

Veamos en la Tabla 4.1 una lista de los atajos de teclado más útiles en el sistema Windows:

Tabla 4.1. Atajos de teclado en Windows

Combinación teclas	Acción
Tecla de Windows + A	Abre el centro de actividades.
Tecla de Windows + C	Activa el reconocimiento de voz de Cortana.
Tecla de Windows + D	Muestra el escritorio (presiona de nuevo y muestra las ventanas).
Tecla de Windows + E	Abre el explorador de Windows.
Tecla de Windows + G	Activa Gane DVR para grabar la pantalla.
Tecla de Windows + H	Activa la función para compartir en las *apps* Modern para Windows 10.
Tecla de Windows + I	Abre la configuración del sistema.
Tecla de Windows + K	Inicia *Conectar* para enviar datos a dispositivos inalámbricos.
Tecla de Windows + L	Bloquea el equipo.
Tecla de Windows + R	Ejecutar un comando.
Tecla de Windows + S	Activa Cortana.
Tecla de Windows + X	Abre el menú de opciones avanzadas (igual que hacer clic derecho en el botón de *Inicio*).
Tecla de Windows + Tab	Abre la vista de tareas.
Tecla de Windows + flechas de dirección	Pega una ventana a la derecha, izquierda, arriba o abajo de la pantalla (Windows Snap).
Tecla de Windows + Ctrl + D	Crea un nuevo escritorio virtual.

Combinación teclas	Acción
Tecla de Windows + Ctrl + F4	Cierra un escritorio virtual (las *apps* se van al más cercano).
Tecla de Windows + Ctrl + flecha izquierda o derecha	Cambia de escritorio virtual.
Tecla de Windows + Shift + izquierda o derecha	Mueve la ventana actual de un monitor a otro.
Alt + Tab	Cambia entre las ventanas abiertas en todos los escritorios.

Veamos a continuación de qué forma podemos personalizar un entorno estándar en otro totalmente personalizado que nos pueda favorecer la presentación en la pantalla de elementos como iconos, ventanas y texto.

Para ello, iremos directamente a una zona vacía del escritorio y con el botón derecho del ratón pulsaremos en *Configuración de pantalla*. En la pantalla que aparece, en la parte inferior, haremos clic en *Configuración de pantalla avanzada* mostrándose una pantalla.

MONITOR

En la unidad anterior vimos cómo podíamos personalizar el monitor, específicamente para opciones de accesibilidad, pero también para usuarios sin discapacidad.

Respecto de la pantalla, recordemos que podremos configurar varias cosas. Para ello, iremos directamente a una zona vacía del escritorio y con el botón derecho del ratón pulsaremos en *Configuración de pantalla*. En la pantalla que aparece, que es la de *pantalla*, en la parte inferior, haremos clic en *Configuración de pantalla avanzada* mostrándose una pantalla en la que podremos configurar cuestiones como las *Opciones avanzadas del tamaño del texto y otros elementos,* donde podremos personalizar el tamaño del texto de iconos, ventanas, títulos, e incluso ponerlo en negrita.

También podremos realizar un ajuste mayor de nuestras preferencias si vamos directamente a una zona vacía del escritorio y con el botón derecho del ratón pulsamos en *Personalizar.* En esta zona podremos cambiar los colores de las ventanas, barras de título de los demás elementos de pantalla, etcétera.

IMPRESORA

Una vez instalada una impresora, es importante poder configurar las preferencias de la misma, respecto del tipo de papel a utilizar, si se imprimirá en color o en blanco y negro, si hay varias bandejas, de cuál tomará el papel, etc. Esta personalización la veremos con más detalle en el punto 4.2 de esta unidad.

4.1.3. Otros

Windows 10 permite ajustar visualmente muchos aspectos diferentes. Una de las primeras tareas que llevan a cabo casi todos los usuarios de Windows es cambiar el tema o el fondo de pantalla del escritorio. El término *tema* hace referencia a toda la decoración del escritorio: colores de las ventanas, forma y diseño de los iconos y menús, y también el propio fondo de pantalla. Windows 10 permite además personalizar de forma independiente cada opción.

FONDOS

Para personalizar el fondo de pantalla iremos a una zona vacía del escritorio, pulsaremos con el botón derecho *Personalización* y, en la pantalla que se muestra, seleccionaremos *Fondo*. Podremos seleccionar varias opciones:

- **En imagen:** podremos seleccionar el fondo o tapiz que se muestra en el escritorio. Incluso es posible seleccionar cualquier foto del disco duro y llenar la pantalla estirando la imagen o formando un mosaico, gracias al apartado *Elegir un ajuste*. En la web de Microsoft Bing Gallery encontraremos cientos de fondos para descargar.

- **Color sólido:** podremos poner como fondo del escritorio una pantalla plana, para evitar distracciones y agilizar el ordenador, ya que el refresco de pantalla será mucho más ligero.

- **Presentación:** configura varias imágenes o un álbum de fotos que cambiarán cada pocos minutos, o una vez al día. El tiempo lo eliges tú.

COLORES

Podemos cambiar el aspecto de las ventanas, los menús emergentes y la barra de tareas. Incluso hacerlas transparentes. Con la opción *Elegir automáticamente una opción de énfasis* dejaremos que Windows 10 seleccione automáticamente los colores en función del fondo que tengamos instalado.

TEMAS

Si lo preferimos, podemos cambiar de golpe toda la apariencia de Windows 10 y conjuntar los diferentes elementos, lo más práctico es cambiar el tema.

Para ello, seleccionaremos la opción *Temas* de la pantalla de personalización del monitor. Haremos clic en *Configuración de temas*. Desde este lugar, podemos optar entre diferentes temas preinstalados: Windows, Windows 10, flores, entre otros. Hay algunos llamados de contraste alto que son muy útiles cuando trabajamos con poca luz o tienes problemas de visión, como ya vimos en la Unidad 3.

Si necesitáramos más temas, haremos clic en el enlace *Obtener más temas en línea.*

Desde el apartado *Temas* es posible personalizar otras características visuales muy importantes, como son los iconos del sistema que aparecen en el escritorio y el cursor del ratón. Para ello, seleccionaremos *Configuración de iconos de escritorio,* pudiendo elegir qué iconos queremos que aparezcan en el escritorio.

PANTALLA DE BLOQUEO

Cuando encendemos el ordenador aparece una pantalla de bienvenida que, en la mayoría de los casos, te pedirá el PIN o la contraseña para acceder a Windows 10. Es lo que se conoce como pantalla de bloqueo. También aparece cuando dejamos el ordenador en suspensión o estamos mucho tiempo sin hacer nada en él.

Podremos elegir una imagen para decorar la pantalla de bloqueo, aunque lo más interesante está en la zona inferior. Aquí puedes elegir las *apps* que se mostrarán en la pantalla de bloqueo, con la información actualizada. Por ejemplo, si seleccionas *El tiempo*, mostrará el clima del día. Otras *apps* que podemos incluir en la pantalla de bienvenida son los últimos correos, la alarma, el calendario, etcétera.

PROTECTOR DE PANTALLA

Sin salir de *Configuración → Personalización → Pantalla de bloqueo*, en la zona inferior encontramos la *Configuración de protector de pantalla*. La usaremos para poner en marcha o cambiar de aspecto del protector de pantalla de Windows 10. Se trata de una animación que aparece cuando una imagen fija permanece mucho tiempo en la pantalla, para evitar daños.

INICIO

Windows 10 incorpora nuevamente el botón y el menú de *Inicio*. Es un híbrido de Windows 7 y Windows 8, pero si lo personalizamos, podemos convertirlo en el botón de *Inicio* clásico, y adaptarlo a nuestras necesidades.

PERSONALIZA LA BARRA DE TAREAS

Por último, tenemos la opción de configurar la barra de tareas situadas en la parte inferior del escritorio. Aquí podremos añadir nuevas funciones, como una versión integrada del navegador, anclar páginas webs, documentos y programas, etcétera.

CAMBIA EL TAMAÑO DEL TEXTO

En monitores muy grandes el tamaño por defecto del tipo de letra del Windows 10 es demasiado pequeño. Resulta difícil de leer porque el usuario suele situarse más lejos. Este tamaño puede cambiarse, pero hay que tener en cuenta que esto afecta no solo al texto, sino también al tamaño de los iconos en el escritorio. Además, en algunos programas es probable que el texto quede cortado. Si es así, volveremos a reducir el tamaño de la letra. Estas configuraciones ya las vimos en la Unidad 3.

APLICACIONES PREDETERMINADAS

Las aplicaciones predeterminadas son los programas que se ponen en marcha automáticamente cuando realizamos acciones o doble clic sobre algún icono.

Por defecto, si hacemos clic en un icono que tiene el símbolo de Word, se abrirá con el Microsoft Word, etc., y así para el resto de aplicaciones. Esto puede personalizarse fácilmente. Para ello, iremos a *Inicio → Configuración → Sistema → Aplicaciones predeterminadas* en Windows 10, y en Windows 11, *Aplicaciones → Aplicaciones predeterminadas.* Se mostrará una pantalla como la de la Figura 4.5. En esta pantalla seleccionaremos la aplicación que queremos modificar y se desplegará una lista de posibles candidatos para ser la nueva aplicación por defecto, que podremos elegir si es nuestro deseo.

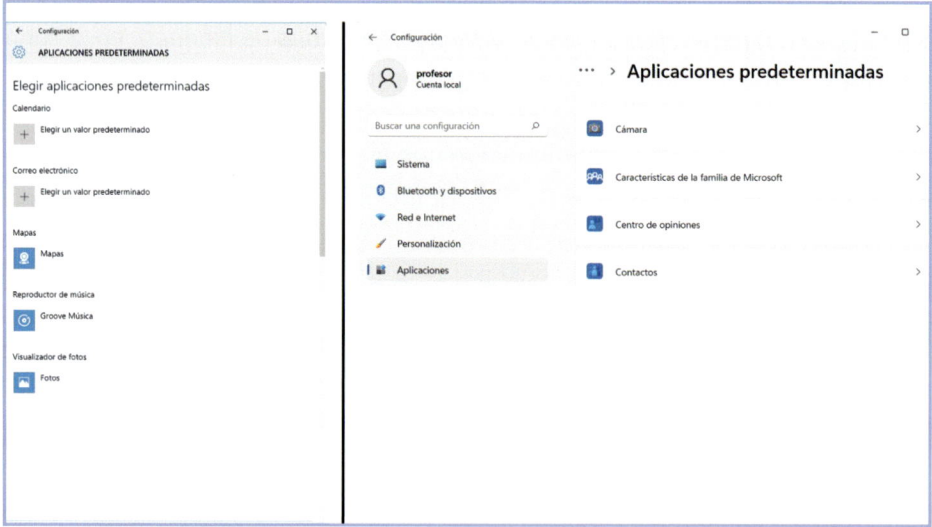

Figura 4.5. Aplicaciones predeterminadas (a la izquierda para Windows 10 y a la derecha para Windows 11).

4.2. Administrador de impresión

Veamos en primer lugar el proceso para instalar una impresora en Windows.

El proceso de instalación de una impresora consiste básicamente en suministrar al sistema operativo los *drivers* adecuados para que pueda comunicarse con la impresora en cuestión.

Podremos obtener los *drivers* por varias vías, pero lo normal es que el vendedor de la impresora acompañe el producto con un CD/DVD en el que se incluyan los *drivers* para los diferentes sistemas operativos con los que la impresora es compatible y está diseñada.

También el propio Windows, especialmente en las últimas versiones, dispone de gran cantidad de *drivers* de impresoras, aunque no de todos.

Para ilustrar este proceso, lo que haremos será instalar una impresora para posteriormente administrarla y así conocer de primera mano el proceso completo de administración de impresoras.

Instalación de impresoras locales

Para instalar impresoras locales, lo primero que haremos es saber si la impresora que se va a instalar es de un tipo u otro, es decir, si es de tipo USB, LTP o impresora de red, que suelen ser las más comunes.

Es importante tener en cuenta que la mayoría de las impresoras que instalamos en la actualidad son impresoras USB, impresoras TCP/IP e incluso impresoras inalámbricas conectadas mediante la tecnología NFC (*Near Field Communication*).

Este tipo de tecnología inalámbrica permite la comunicación e intercambio de datos entre dos dispositivos de forma segura, rápida y sencilla y sin que haya que instalar prácticamente nada.

A partir de este punto, el proceso de instalación es el mismo en todos los casos.

Lo primero que hay que hacer para instalar una impresora es ir a *Panel de control → Dispositivos e impresoras.* En la parte superior de la ventana, pulsaremos en *Agregar una impresora* para añadir la impresora que queramos.

En este caso, se desplegará una pantalla en la que se intentará localizar automáticamente alguna impresora conectada al sistema. Si pasados unos minutos en esta pantalla no se localiza nada o, simplemente, lo que se localiza no se corresponde con lo que nosotros queremos instalar, pulsaremos en la opción que inicia *La impresora que quiero no está en la lista.* En este momento se mostrará la pantalla de la Figura 4.6, en la que podremos elegir una de las opciones descritas en la página siguiente.

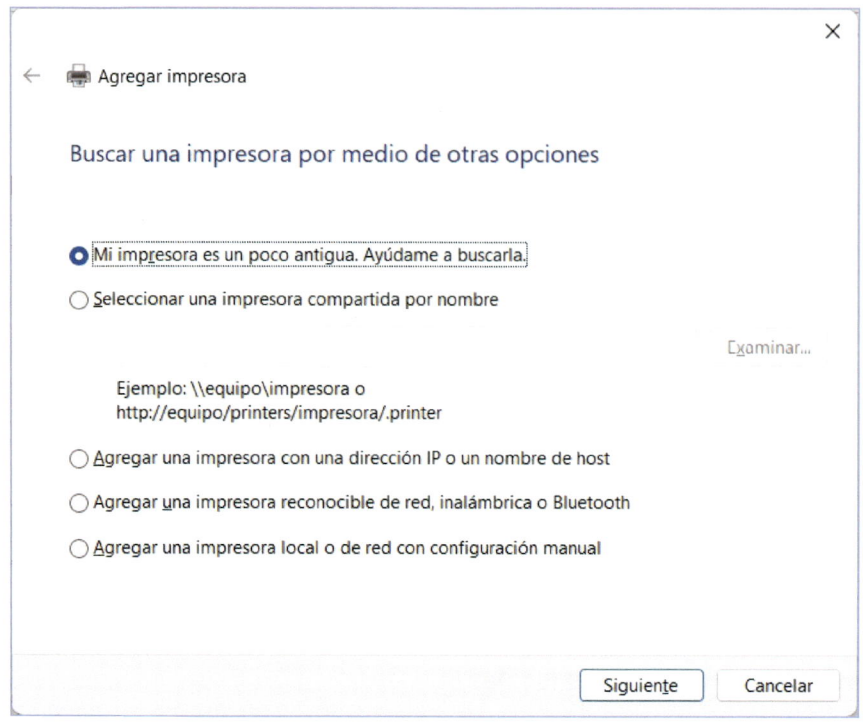

Figura 4.6. Selecciona el tipo de impresora que se va a instalar.

Por orden de aparición, las opciones son:

- Ayuda para instalar impresoras antiguas.

- Introducción de nombre de impresora en red para instalar una impresora que está compartida en otro equipo.

- Instalar impresora TCP/IP que está en la red y que dispone de una dirección IP dentro del mismo rango de direcciones IP de mi equipo.

- Instalar impresoras inalámbricas o *bluetooth*.

- Instalar impresoras locales conectadas directamente a mi equipo por cable, USB, serie, paralelo o *firewire*.

En nuestro caso, seleccionamos la última opción para instalar una impresora local, es decir, puerto LPT o USB, según el caso. Una vez elegida la opción, pulsaremos **Siguiente**.

En la siguiente pantalla elegiremos el puerto, es decir, el conector con el que la impresora está conectada al ordenador y que, por lo general, será un puerto USB. Hace unos años (2000-2005) aún se instalaban impresoras por los puertos paralelo o LPT. Veamos en la Figura 4.7 un puerto y conector USB y otro de tipo paralelo.

Figura 4.7. Conectores y puertos impresora paralelo/USB.

① Conector USB placa base.

② Conector paralelo, Centronics o lpt1 de la placa base, de 25 pines hembra.

③ Cable de impresora utilizada para conectar la impresora paralelo al puerto Centronics de 25 pines macho.

④ Cable utilizado para conectar impresora USB a puerto del mismo tipo en placa base o adaptador similar.

En la siguiente pantalla, tal y como se muestra en la Figura 4.8, seleccionaremos el fabricante de la impresora en la parte izquierda de la lista, y en la parte derecha, el modelo de la impresora, del que queremos obtener los *drivers* de la impresora que queremos instalar. En este caso, los *drivers* que vamos a utilizar son los suministrados por el sistema operativo Windows. Pero lo normal será pinchar el botón de *Utilizar disco* para buscar en el CD/DVD que nos ha suministrado el fabricante los *drivers* específicos de nuestra impresora para nuestro sistema operativo. También pulsando en *Windows Update*, si tenemos conexión a internet, el propio sistema operativo puede localizar en la web los últimos *drivers* para nuestro dispositivo. En cualquier caso, realizada la selección, pulsamos **Siguiente**.

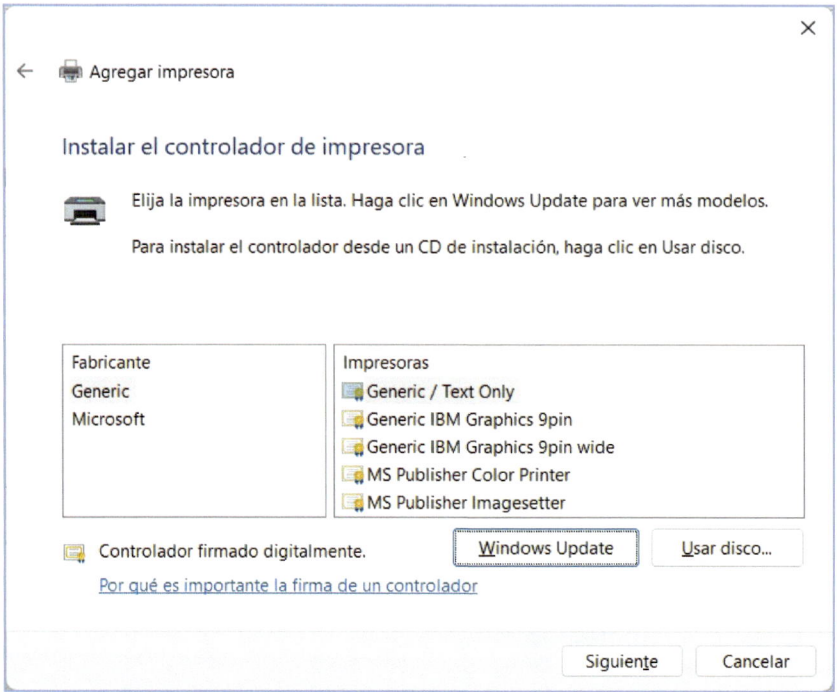

Figura 4.8. Selección del fabricante y modelo de la impresora.

Sea como fuere seleccionado el *driver,* el proceso de instalación continúa solicitándonos datos, tales como el nombre con el que se va a instalar la impresora, si queremos que la impresora sea o no la predeterminada, si la vamos a compartir o no y si queremos imprimir una página de prueba.

Después de todo este proceso, la impresora estará instalada y lista para usarse, teniendo en cuenta los posibles ajustes que podamos hacer y que veremos a continuación.

Administración básica de impresoras locales

Una vez instalada una impresora, es importante configurar las preferencias de la misma respecto del tipo de papel que usaremos, si se imprimirá en color o en blanco y negro, si hay varias bandejas, de cuáles tomará el papel, etcétera.

Para personalizar la impresora, hay que ir a *Panel de control → Dispositivos e impresoras.* Se mostrará una lista de impresoras y dispositivos instalados en nuestro equipo.

En este caso, seleccionaremos la impresora deseada, es decir, la que queremos personalizar y, con el botón derecho, elegiremos la opción *Propiedades de la impresora*. Se mostrará una pantalla con varias pestañas, en las que podremos personalizar varias cosas, tales como *Opciones avanzadas,* donde indicaremos el horario en el que está disponible la impresora, *Administración del color,* etcétera.

En esta ventana, en la pestaña *General,* pulsaremos en *Preferencias* y se desplegará una ventana en la que al pulsar *Opciones avanzadas* se mostrará un cuadro de diálogo en el que podremos personalizar cuestiones tales como el papel en el que queremos imprimir, si se imprimirá apaisado o no, o si queremos imprimir en color o blanco y negro.

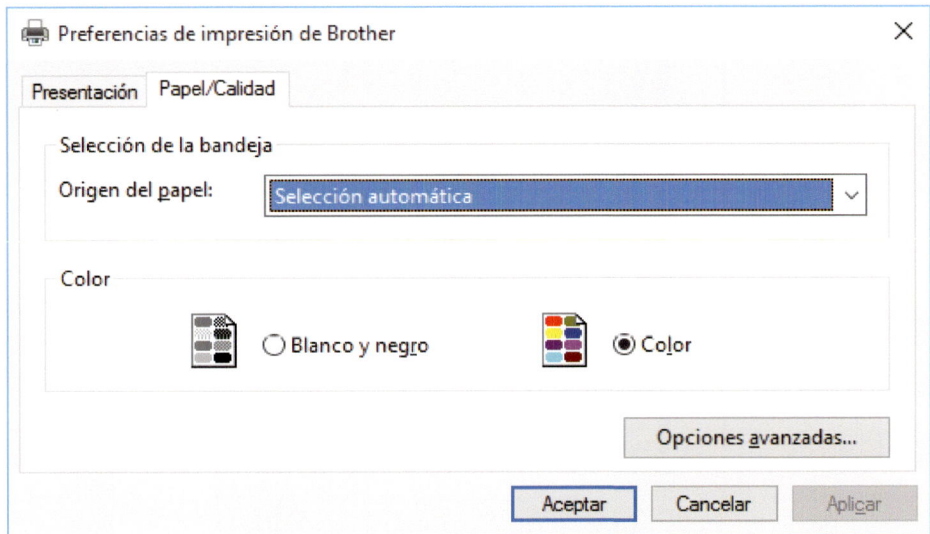

Figura 4.9. Personalización de la impresora.

Por lo general, cualquier impresora instalada localmente en nuestro equipo se instalará en algún puerto, es decir, por alguna conexión que permita eso mismo, utilizar directamente la impresora desde el equipo sin más.

Según el puerto en el que instalemos la impresora, posteriormente podremos compartirla, o no, para que otros equipos de la red puedan utilizar nuestra impresora como si la tuvieran instalada en su equipo.

4.3. Administrador de dispositivos

En la mayoría de las versiones de Windows, el procedimiento para analizar, administrar, agregar o eliminar dispositivos *hardware* es muy similar. Ciertamente, desde Windows 95 hasta la fecha, la forma de agregar *hardware* ha cambiado sustancialmente, pero la esencia sigue siendo la misma.

Analizar los dispositivos de nuestro sistema

Para ver los dispositivos instalados en un sistema Windows, tendremos que ir al panel de control, seleccionaremos *Panel de control → Administrador de dispositivos.* Veamos la Figura 4.10.

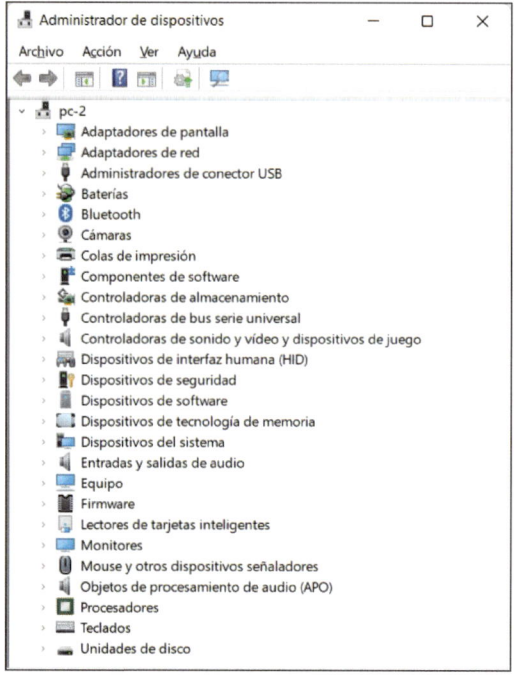

Figura 4.10. Administración de dispositivos en Windows 10.

En este caso veremos cómo se muestra la lista de dispositivos, teniendo en cuenta que podemos encontrar:

⚠ **Dispositivo con *driver* mal instalado.** Si se muestra este icono sobre un dispositivo, es que el *driver* que tiene instalado no es el adecuado al sistema o simplemente es incorrecto. Basta con pulsar el dispositivo con el botón derecho del ratón y seleccionar *Actualizar software controlador* y seguir las pantallas que muestran el proceso para realizar tal acción.

❌ **Dispositivo no reconocido.** En este caso, el sistema no reconoce el *hardware* de ningún modo. No es que no tenga el *driver*, es que simplemente no sabe qué dispositivo se le ha conectado. La solución a esto es mala, ya que probablemente este dispositivo no sea compatible con este sistema.

⊕ **Dispositivo deshabilitado.** El dispositivo está instalado correctamente, con el *driver* adecuado, pero se ha deshabilitado por deseo del usuario. Para habilitar o deshabilitar dispositivos, basta con situar el ratón sobre el dispositivo con el botón derecho y seleccionar *Habilitar* o *Deshabilitar*, según el caso.

Agregar nuevos dispositivos *hardware*

Hoy por hoy, todas las versiones de sistemas operativos, salvo alguna excepción rara, son sistemas **Plug and Play**, es decir, sistemas en los que los dispositivos *hardware*, se insertan en frío o en caliente, quedan reconocidos por el sistema operativo en la mayoría de los casos de forma automática.

Cuando hablamos de insertar en frío, hablamos de insertar componentes críticos, como por ejemplo placas de memoria, discos duros o un procesador en la placa base, y eso implica que el equipo tiene que estar desconectado de la corriente eléctrica: **"EN FRÍO"**. Si por el contrario insertamos un ratón, teclado, monitor, disco duro externo, etc., normalmente no hará falta desconectar la corriente del equipo para que el dispositivo sea reconocido: **"EN CALIENTE"**.

Si el *hardware* que estamos añadiendo se puede pinchar en caliente, sencillamente haremos eso, pincharlo. Pasado un tiempo, aparecerá un pequeño globo en el área de notificación del equipo que avisará de que el nuevo *hardware* se está instalando. Si todo va bien, aparecerá luego otro globo para indicar que el *hardware* está listo para usarse.

En el nuevo *hardware* instalado, tendremos muy en cuenta que los *driver*s o controladores del nuevo *hardware* los tenía ya incorporados nuestro sistema operativo. Si durante el procedimiento de instalación del *hardware* se produce algún error, puede ser debido, precisamente, a no contar con los *drivers* de este dispositivo o por algún otro error, como incompatibilidad con otro *software* instalado o simplemente un fallo del nuevo dispositivo.

Si el *hardware* que hemos añadido lo hemos pinchado en frío, al encender de nuevo el equipo pueden pasar varias cosas. Lo habitual, normal y deseable es que el propio sistema operativo instale el nuevo *hardware* sin más. Si así ocurre, significará que el dispositivo nuevo es compatible con el sistema operativo y que este dispone de los *drivers* para instalarlo.

Otra cuestión no tan rara es que al encender el equipo aparezca un globito en el área de notificación que diga que no se ha podido añadir el *hardware*. En este caso, podemos hacer varias cosas:

- **Instalar manualmente los *drivers*** que nos ha proporcionado el fabricante del nuevo *hardware*, siempre y cuando estos vengan incluidos en un archivo del tipo *setup* o *install*. En este caso, los *drivers* y las utilidades de manejo del dispositivo se instalan en el equipo y el nuevo *hardware* podrá utilizarse directamente.

- Instalar los *drivers* del nuevo *hardware* siguiendo el asistente de instalación que nos proporciona el sistema operativo. Haremos esto cuando solo tengamos el archivo específico del controlador (archivo **inf**) y no dispongamos de ninguna utilidad extra de instalación suministrada por el fabricante.

- Proceder como en el caso anterior, **previa descarga del controlador desde internet.**

De todas formas, y antes de agregar o eliminar *hardware* de nuestro equipo, lo que tenemos que saber es el que tenemos instalado, tal y como hemos visto en el punto anterior.

El procedimiento para agregar *hardware* es sencillo en los nuevos sistemas operativos, ya que lo normal es que se instale solo. Eso sí, puede ocurrir que durante el proceso de instalación se nos muestren varias opciones tales como:

- **Buscar e instalar el *hardware* automáticamente:** si seleccionamos esta opción, aparecerá una pantalla en la que se realiza la búsqueda del nuevo *hardware*. Si tras terminar este proceso no se ha detectado nada, aparecerá otra pantalla en la que se indica tal circunstancia y se nos ofrece la opción de volver atrás o seguir para seleccionar el tipo de *hardware* de una lista que nos mostrará el sistema operativo.

- **Instalar el *hardware* seleccionado manualmente desde una lista:** aparece directamente la misma de antes y el proceso es el mismo que en el caso anterior. Eso sí, hay que indicar que si seleccionamos la opción *Mostrar todos los dispositivos* y después hacemos clic en **Siguiente**, solamente tendremos la opción de *Utilizar disco* para seleccionar los *drivers* del nuevo *hardware*.

4.4. Protección del sistema

El cortafuegos de Windows

Los sistemas operativos de Microsoft cuentan desde Windows XP Service Pack 1 con un *firewall* integrado que permite tener un pequeño control sobre las conexiones de red. Aunque en esta versión del sistema operativo el cortafuegos no es muy eficaz en muchos aspectos, puede servir de una pequeña capa de protección para los usuarios menos expertos.

Las versiones 7/8/10 de Windows incorporan también un cortafuegos mejorado y potente con más opciones de configuración y personalización en todos los aspectos. Por lo general, con el *firewall* de Windows podemos realizar configuraciones sencillas de manera que cualquier usuario pueda, por ejemplo, abrir el tráfico a los puertos del HTTP, FTP, entre otros.

Para personalizar el cortafuegos, lo primero es abrirlo y, para ello, iremos a *Panel de control → Firewall de Windows.* Se muestra la pantalla principal de cortafuegos tal y como podemos ver en la Figura 4.11.

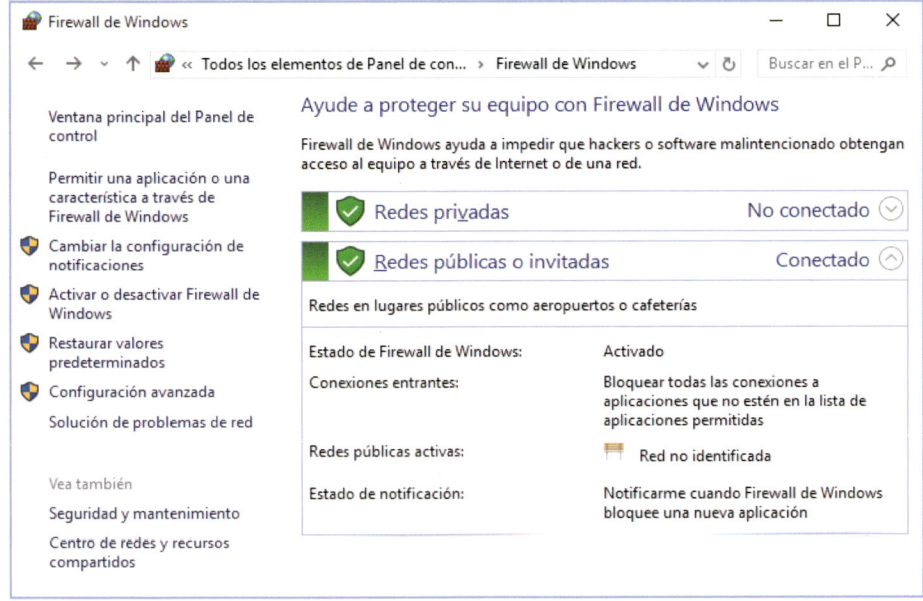

Figura 4.11. Cortafuegos de Windows 10.

La configuración del cortafuegos puede realizarse sobre los siguientes aspectos básicos:

- **Activar o desactivar el *firewall* de Windows.** En la parte izquierda de la ventana disponemos de un menú con los diferentes apartados del mismo. Lo primero que vamos a hacer es pulsar sobre la opción *Activar o Desactivar Firewall de* Windows para abrir una ventana desde donde podemos elegir si queremos activarlo o desactivarlo en las redes domésticas o en las redes públicas, así como si queremos bloquear todo el tráfico en alguna de ellas.

- **Permitir o bloquear el tráfico a aplicaciones o características.** Volvemos a la ventana principal de configuración del *firewall* de Windows y seleccionamos en el menú el apartado *Permitir una aplicación o una característica.* Desde esta ventana vamos a poder ver todas las aplicaciones y servicios de Windows a la vez que añadir fácilmente nuevas aplicaciones que puedan conectarse a internet fuera del filtro del cortafuegos. Como podemos ver, nos aparece una completa lista con todos los componentes que, por defecto, vienen instalados en el sistema operativo y que pueden necesitar conexión a internet para funcionar correctamente. Podemos elegir en cada componente si queremos que se conecte tanto desde una red privada personal como desde redes públicas e inseguras. En la parte inferior podemos ver un botón llamado *Permitir otra aplicación,* desde donde podemos añadir nuevas aplicaciones a esta lista.

- **Acceder a la configuración avanzada del** *firewall.* Si queremos tener un control más avanzado sobre puertos y protocolos de conexión, debemos abrir la ventana de configuración avanzada desde dicho apartado en la ventana principal de la configuración. Desde aquí podremos ver todas las reglas de entrada y de salida con que cuenta nuestro cortafuegos. Podemos crear nuevas reglas personalizadas para las aplicaciones que queramos (por ejemplo, HTTP, FTP, µTorrent...) configurando los puertos y protocolos por los que queramos permitir (o bloquear) la conexión. De esta manera, si no queremos tener que gestionar un cortafuegos de terceros, podremos configurar de la manera más óptima posible para permitir solo las conexiones que de verdad queramos gestionar y bloquear aquellas que puedan resultar maliciosas o peligrosas para nuestro sistema.

Windows Defender

Con el lanzamiento de Windows 10, Microsoft ha conseguido integrar directamente un *software* que integre una protección integral del equipo respecto de virus, *malware* y otro tipo de amenazas más o menos habituales.

Este *software* se llama **Windows Defender** y es una aplicación que en el sistema no trabaja sola, ya que es un *software* **de seguridad** integrado en el propio sistema que tiene capacidad de interacción con otros elementos de seguridad igualmente integrados.

En Windows 10, Windows Defender trabaja de forma conjunta con otros componentes relacionados con la seguridad del sistema y la detección de amenazas como puede ser el **cortafuegos** o los nuevos sistemas de protección activa como el filtro **SmartScreen** o el nuevo sistema de análisis de **amenazas en la nube** de Windows 10.

Como todas las herramientas de seguridad y protección, Windows Defender, necesita ser actualizado de forma continua para estar al día de las nuevas amenazas para la seguridad que circulan por la red. En el caso de Windows Defender, esa actualización continua está asegurada, ya que se realiza desde el propio sistema de actualizaciones de Windows 10 con actualizaciones periódicas.

Los nuevos sistemas de análisis de amenazas en la nube mejoran la efectividad de Windows Defender.

Para acceder a la configuración de Windows Defender, iremos al botón de *Inicio* → *Configuración* → *Actualización y seguridad* → *Windows Defender.*

Se mostrará la pantalla principal de esta utilidad tal y como se muestra en la Figura 4.12.

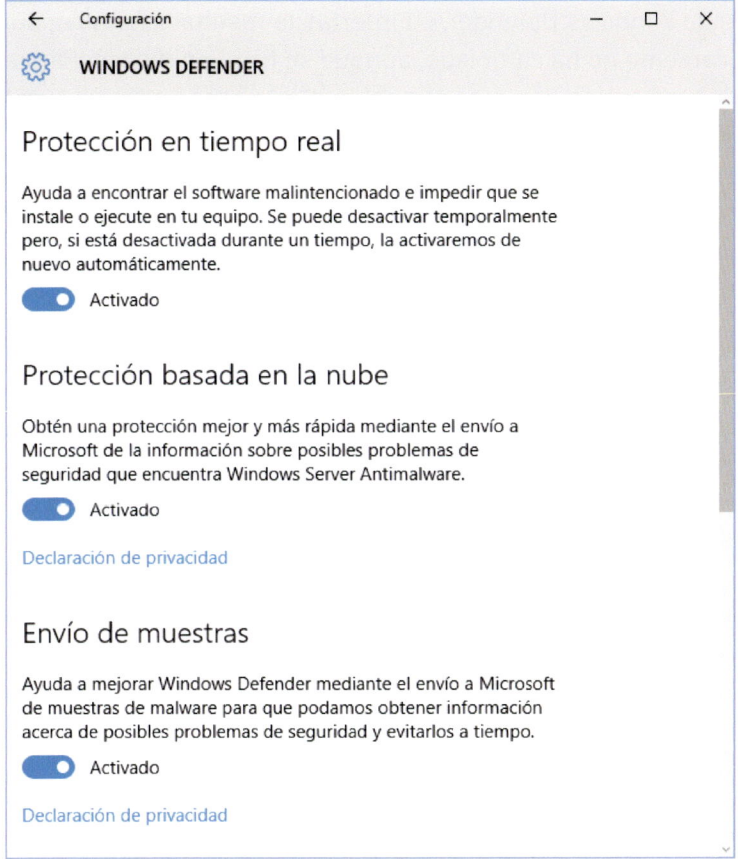

Figura 4.12. Pantalla principal de Windows Defender.

Como podemos ver, toda la configuración de Windows Defender se concentra en un único apartado y sus opciones de personalización se limitarán a poco más que a apagar o encender los servicios de protección que quieres mantener activos. A continuación te mostramos cómo utilizar algunas de sus funciones.

- **Establecer exclusiones.** En el apartado de configuración de Windows Defender también encontraremos la opción *Exclusiones.* Esta opción nos permite excluir determinados archivos de los análisis de Windows Defender. De ese modo, nuestro equipo no malgastará sus recursos al analizar archivos que son seguros. Haz clic sobre la opción **Agregar exclusión** y sobre el signo + de alguno de los apartados que aparecen, dependiendo de si queremos excluir del análisis un solo archivo, una carpeta, un determinado formato de archivo o un programa.

- **La interfaz de Windows Defender.** A quien haya utilizado las anteriores versiones de Windows Defender, su interfaz le resultará familiar, puesto que prácticamente no ha cambiado, aunque se ha simplificado. Para ello, en el área de notificación haremos clic sobre el icono representativo de Windows Defender 🛡, mostrándose la interfaz de configuración de esta utilidad tal y como aparece en la Figura 4.13. También en la zona de búsqueda de la barra de tareas, donde indica *Buscar en la web y en Windows,* podemos incluir la cadena de búsqueda *Windows Defender* y en los resultados de búsqueda nos aparecerá la entrada adecuada a Windows Defender.

- **Establecer el tipo de análisis.** Accederemos a la interfaz de Windows Defender y en el apartado *Opciones de examen*, encontraremos los distintos métodos de análisis de Windows Defender. Si elegimos *Rápido,* analizaremos los componentes del sistema más habituales en los ataques de *malware.* Si queremos un análisis más concienzudo, marcaremos la opción *Completo* y se analizarán todos los archivos del sistema. Con el análisis personalizado podremos elegir qué archivos, carpetas o unidades se analizarán. Este método es ideal para analizar archivos descargados en los que no confiamos plenamente. Tras elegir uno de los métodos de análisis, pulsaremos sobre **Examinar ahora**.

- **Actualiza antes de analizar.** En Windows 10 es muy difícil evitar la instalación de las actualizaciones importantes para el sistema, y las actualizaciones de Windows Defender están bajo esa etiqueta, por lo que el sistema antivirus siempre se mantendrá actualizado. No obstante, podemos solicitar una actualización siempre que lo deseemos. Para ello, solo tendremos que acceder a la pestaña *Actualizar* de Windows Defender y pulsar sobre *Actualizar*.

- **Evita usar dos antivirus.** No es recomendable utilizar dos sistemas antivirus simultáneamente en nuestro equipo, ya que, además de afectar negativamente en el rendimiento de nuestro equipo, se producirán conflictos entre ellos. Por ese motivo, si decidiéramos instalar un sistema antivirus de terceros en nuestro equipo con Windows 10, **Windows Defender se desactivará automáticamente** (salvo excepciones) cuando detecte la presencia de otro *software* de seguridad, sin que tengamos que realizar ninguna configuración adicional. Lo mismo sucede a la inversa.

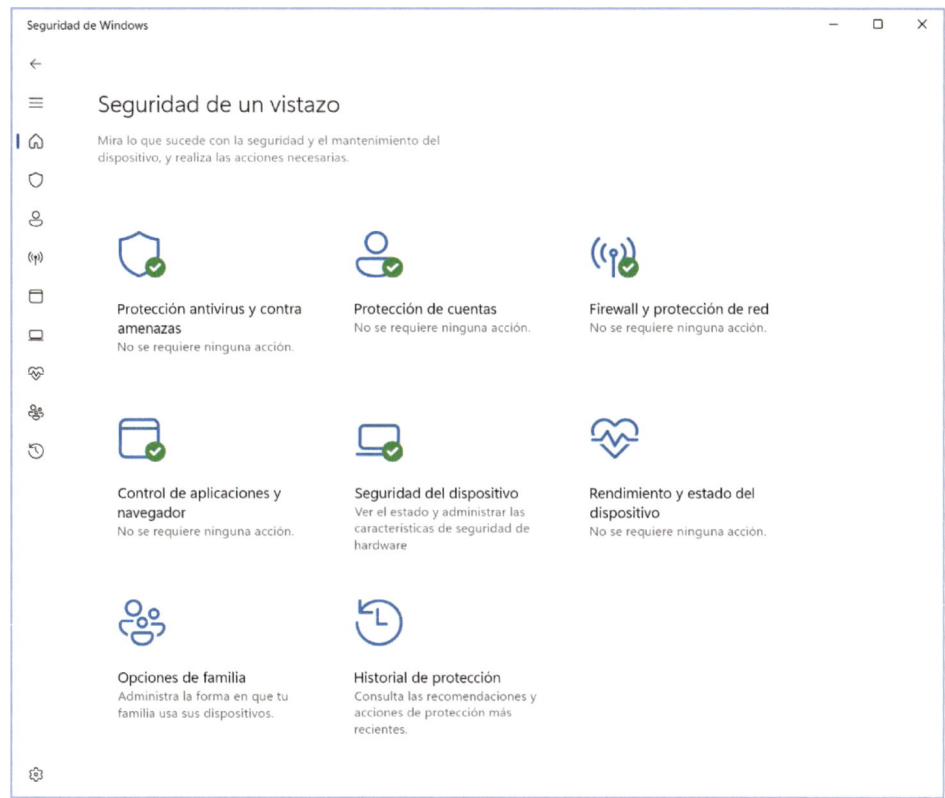

Figura 4.13. Interfaz de Windows Defender.

4.5. Configuración avanzada del sistema

Para configurar el rendimiento del sistema, en resumen, el rendimiento de los dispositivos del sistema de forma óptima, iremos a *Panel de control → Sistema* y haremos doble clic en Windows 10, pero en Windows 11 tendremos que ir a la parte derecha de la ventana y pulsar en *Configuración avanzada del sistema.* Se mostrará el cuadro de diálogo mostrado en la Figura 4.14, donde podremos ajustar las opciones de rendimiento del sistema. Una vez abierto el cuadro de diálogo *Propiedades del sistema*, seleccionaremos la ficha *Opciones avanzadas* que tiene los siguientes elementos:

1 Rendimiento. Aquí se modifican opciones como la apariencia de las ventanas y el escritorio, el uso del procesador para programas y aplicaciones en segundo plano, el uso de la memoria y la memoria virtual, etcétera.

2 Perfiles de usuario. Aquí se pueden definir los perfiles de *software* y *hardware* que se cargarán a los usuarios al inicio de su sesión.

③ Inicio y recuperación. Podrás modificar, si es que tienes varios sistemas operativos, el fichero BOOT.INI, de tal forma que puedes decidir que se te inicie un sistema u otro por defecto, el tiempo que se tardará en seleccionar el sistema operativo por defecto e, incluso, cómo actuará el sistema operativo ante un error grave, grabando un registro de errores, enviando un mensaje al administrador del equipo, etcétera.

Figura 4.14. Opciones avanzadas de rendimiento de sistema.

En la pestaña de rendimiento, hay varios elementos que podemos ajustar para obtener un máximo rendimiento en el equipo y es, entre otras, la gestión de los elementos gráficos del escritorio.

Si en el cuadro de *Rendimiento* pulsamos en *Configuración*, podremos elegir entre tres o cuatro opciones, según la versión del sistema operativo, para mejorar el rendimiento del equipo en función de la gestión gráfica que se haga de la interfaz. La opción con la que obtendremos un rendimiento óptimo es *Ajustar para obtener el mejor rendimiento*.

Eso sí, el aspecto de nuestro sistema cambiará radicalmente y, a pesar de ser más "feo", el sistema será mucho más eficiente.

ACTIVIDADES

4.1. **¿Cuál de los siguientes elementos no forma parte de una ventana?**

a) Barra de tareas.

b) Botones aspecto ventana.

c) Ayuda de la ventana.

d) Vista actual de la ventana.

4.2. **Los elementos de un cuadro de diálogo que sirven para seleccionar una opción dentro de un conjunto, se denominan…**

a) *Radio button.*

b) Botones de opción.

c) Botones de radio.

d) Todas las respuestas anteriores son correctas.

4.3. **La zona horaria en la que tendremos que configurar nuestros equipos es…**

a) UTC - 01:00.

b) GMT + 00:00.

c) UTC + 01:00.

d) GMT - 01:00.

4.4. **Uno de los atajos de teclado que permite cambiar entre las ventanas abiertas en todos los escritorios es…**

a) Alt + F4.

b) Alt + Tab.

c) Alt + Ctrl.

d) Alt + Shift.

4.5. **Los modos y conexiones típicas para instalar impresoras son…**

a) USB.

b) Puertos serie, paralelo o *firewire*.

c) Red.

d) Todas las respuestas anteriores son correctas.

4.6. **¿Qué o cuáles dispositivos *hardware* pueden agregarse en caliente?**

a) Cualquier dispositivo conectado por USB.

b) Solamente impresoras.

c) Teclado y monitor, independientemente del tipo de clavija usada.

d) Dispositivos conectados a puertos serie o paralelo.

4.7. **Los controladores de dispositivos Windows se distribuyen en archivos con extensión…**

a) .drv.

b) .dll.

c) .inf.

d) .sys.

4.8. **¿Qué archivo tenemos que configurar para que, en el caso de tener dos o más sistemas operativos instalados en el equipo, podamos decidir que se inicie un sistema u otro por defecto?**

a) MSCONFIG.

b) WIN.INI.

c) BOOT.INI.

d) Instalar dos sistemas operativos o más en un equipo no es posible.

COMPRUEBA TUS CONOCIMIENTOS

4.1. Comprueba y analiza los elementos del escritorio de Windows, en sus dos versiones 10 y 11, buscando diferencias y analogías.

4.2. Haz lo mismo respecto a la barra de tareas y a los cuadros de diálogo.

4.3. Di que diferencias hay entre una ventana de carpeta y un cuadro de diálogo de configuración, por ejemplo, del entorno de red.

4.4. Investiga los atajos de teclado y completa la Tabla 4.1 con al menos otros tres atajos.

4.5. Instala una impresora por el puerto lpt1 y configúrala a tu gusto.

4.6. Por último, analiza tu cortafuegos e indica si se puede acceder al equipo de forma remota. Para ello, tendrás que analizar las excepciones.

5. Utilización de las herramientas del sistema

Contenido

5.1. Desfragmentado de disco

Se puede definir un **archivo** como el conjunto de información relacionada, generalmente programas y/o datos.

Un archivo, también denominado **fichero**, es una unidad de datos o información almacenada en algún medio externo o interno del sistema informático que puede ser utilizado por el propio sistema operativo o por alguna aplicación que el usuario decida.

Técnicamente hablando, un archivo es un flujo unidimensional de *bytes* que el sistema operativo trata como una única entidad. Es un conjunto de bits (0 y 1) que referencian algún tipo de información específica, como un texto, un gráfico, sonido, entre otros.

Por lo general, los archivos son el conjunto organizado de informaciones de un mismo tipo y que pueden utilizarse en un mismo tratamiento.

Todo archivo o fichero, para poder ser utilizado, debe tener un formato y ser de un tipo en particular, y, de esa forma, poder realizar sobre él las operaciones adecuadas. Según sea el tipo de archivo, las operaciones que se van a realizar en el mismo pueden variar.

Los archivos se almacenan en *clústeres,* que son una agrupación de sectores físicos. Vamos a ver con un poco más de detalle qué es un sector y un clúster en un sistema de archivos estándar, como el que incorporan los sistemas tradicionales Windows de tipo FAT.

El sistema de archivos FAT se caracteriza por la tabla de asignación de archivos (FAT), que es una tabla que reside en la parte superior de la estructura del sistema de archivos. Actúa como el índice de un libro, de tal forma que, cuando se va a leer un archivo o directorio, primero se consulta la FAT, donde se indica la posición o dirección (sector o clúster) del archivo que se quiere localizar.

Veamos este tipo de elementos en la Figura 5.1:

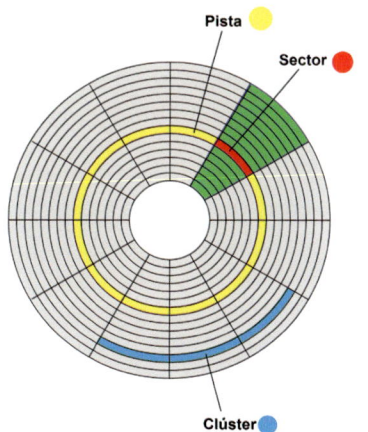

Figura 5.1. Estructura lógica de un disco.

Por lo general, e independientemente de los sistemas de archivos, los archivos se guardan en clústeres, tal y como podemos ver en la Figura 5.1. Los clústeres que ocupa un archivo no tienen por qué ser contiguos (consecutivos).

Cuando esto ocurre, se dice que el archivo está fragmentado. Si el nivel de fragmentación es muy elevado, el tiempo que emplea en leer o grabar archivos será cada vez mayor y hará que el sistema sea más lento, puesto que el proceso de grabación de un archivo será más costoso para el sistema.

Ahora bien, ¿cómo sabe el sistema operativo cuál es la cadena de clústeres de un archivo? ¿Cuál es el primero y en cuál continúa?

El primer clúster de un archivo aparece en la entrada de directorio del archivo, junto con otros datos como el nombre, la extensión, el tamaño, la fecha de creación y los atributos del archivo. Para saber cuáles son los clústeres siguientes de un archivo se utiliza la FAT, que es una tabla formada por elementos que se corresponden con cada uno de los clústeres del disco. Es decir, el elemento situado, por ejemplo, en la posición 120 de la FAT controla el clúster 120 del disco.

Cada elemento de la FAT puede tener uno de los tres valores siguientes:

- **Una marca especial (el valor 0)** para indicar que se trata de un clúster libre.

- **Una marca especial para indicar que se trata del último clúster** de un archivo.

- **Cualquier otro valor numérico** se interpreta como el clúster siguiente del archivo.

En definitiva, la FAT es una tabla que permite al sistema operativo utilizar clústeres no consecutivos para almacenar los archivos. Si por cualquier motivo se corrompe la FAT, posiblemente perderá gran parte de sus datos, ya que el sistema operativo no sabrá dónde continúa un archivo y dónde termina. Es tal la importancia de la FAT que normalmente se guardan dos copias de esta para recuperar los datos en caso de que se corrompa una de las copias.

Como hemos comentado antes, lo normal es que los archivos se almacenen en clústeres contiguos. Evidentemente, cuando utilizamos mucho un disco duro, es decir, cuando grabamos muchos archivos, los eliminamos, modificamos, etc., su tamaño y ubicación puede cambiar.

Supongamos que hemos grabado un archivo **A** que ocupa dos clústeres (1 y 2) y que a continuación de él grabamos otro archivo **B** que ocupa tres clústeres (3, 4 y 5). Ver Tabla 5.1.

Tabla 5.1.

CLÚSTER N.º	1	2	3	4	5	6	7	8	9
Archivo	A	A	B	B	B				

Pongamos que luego modificamos el archivo **A** y le añadimos datos, los suficientes para que ocupe cuatro clústeres más. En este caso, el sistema operativo tendría dos opciones: mover el archivo B cuatro clústeres a la derecha (siempre y cuando estuvieran libres) o almacenar el nuevo conjunto de clústeres de **A** a partir del primer clúster libre (en nuestro caso, el 6).

El sistema operativo lo gestiona de la segunda forma. Es decir, no se preocupa de reorganizar archivos para que se almacenen de forma contigua, simplemente va utilizando los clústeres que tiene libres para ir añadiendo otros pertenecientes al mismo archivo. De esta forma, como vemos en la Tabla 5.2, el archivo **A** quedará fragmentado, ya que los clústeres en los que está almacenado no son contiguos.

Tabla 5.2.

CLÚSTER N.º	1	2	3	4	5	6	7	8	9
Archivo	A	A	B	B	B	A	A	A	A

Cuando esta fragmentación empieza a ser elevada, el rendimiento de nuestro sistema disminuirá al acceder a los datos del disco. Es evidente que si tenemos un archivo almacenado en clústeres contiguos, el tiempo que empleará el sistema operativo en leerlo será inferior que si este está fragmentado, ya que la cabeza de lectura/escritura del disco tendrá que ir dando saltos de un sector a otro del disco, con la consiguiente pérdida de tiempo.

Para solucionar este problema, ahora por fin podemos desfragmentar los discos duros o los disquetes independientemente del sistema de archivos que tengan.

Windows 10/11 tienen utilidades que permiten desfragmentar cualquier unidad de disco duro interno, externo, disco sólido, *pen drive,* etc. Es decir, pueden hacer que los archivos almacenados en clústeres no contiguos se reubiquen en clústeres que sí lo estén, independientemente del sistema de archivos.

Para desfragmentar un disco, iremos al *Explorador de archivos,* de tal forma que podamos tener a la vista los diferentes dispositivos del sistema.

Una vez que tengamos localizados los discos o dispositivos de almacenamiento, basta con seleccionar el que queremos desfragmentar, y con el botón derecho del ratón seleccionamos sus *Propiedades.*

También podemos ejecutar la herramienta desde *Inicio → Todas las aplicaciones → Herramientas administrativas → Desfragmentar y optimizar unidades.*

En cualquier caso, se mostrará una pantalla en la que tendremos que tener seleccionada la pestaña de *Herramientas.* Aquí haremos clic en **Optimizar,** en la zona que indica *Optimizar y desfragmentar la unidad.* En este caso se mostrará la pantalla principal del desfragmentador de discos de Windows 10/11, tal como podemos ver en la Figura 5.2.

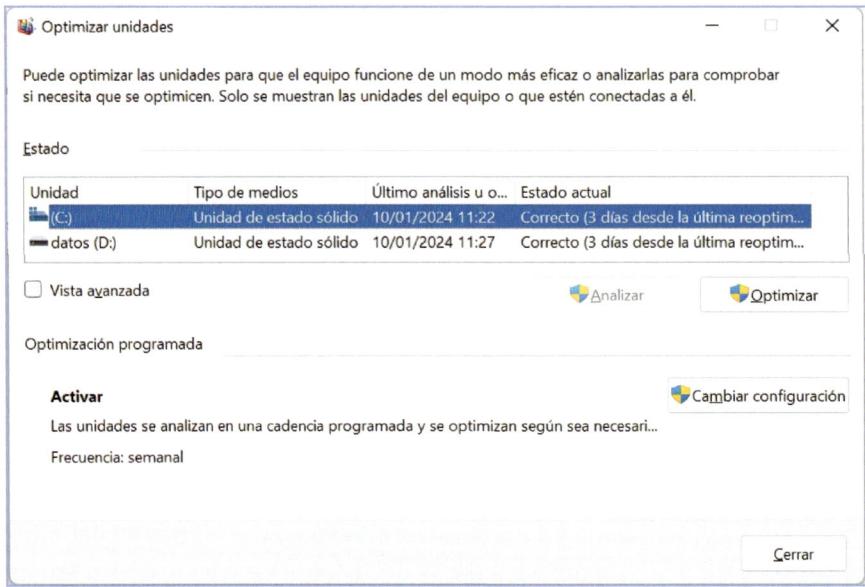

Figura 5.2. Desfragmentar disco.

En esta pantalla seleccionaremos los discos que queremos desfragmentar y optimizar. Además, pulsando en **Cambiar configuración,** podremos indicar la periodicidad con la que se realizará esta operación si el grado de fragmentación supera los niveles previstos por el sistema. Véase Figura 5.3.

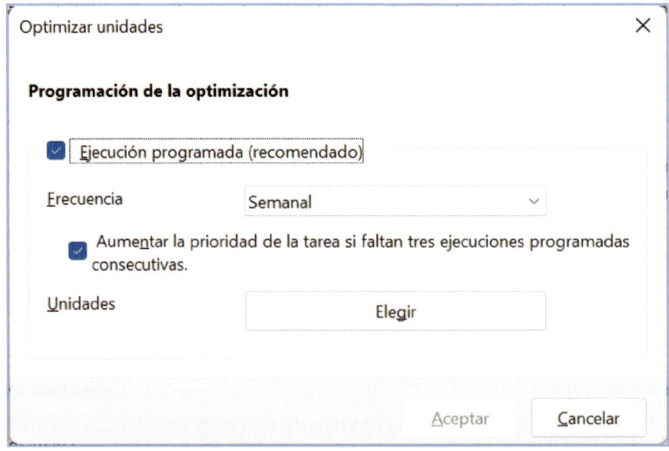

Figura 5.3. Programar la desfragmentación automática.

Este proceso, que en algunos casos puede implicar más de una hora, dependerá de la rapidez del disco duro, del sistema de archivos, del porcentaje de archivos, de la fragmentación que contengan y, por supuesto, de lo lleno que esté.

El proceso de desfragmentación tiene el mismo efecto en cualquier versión de Windows. Se trata de optimizar el acceso al disco.

Es conveniente no utilizar el ordenador mientras se realiza este proceso, ya que se corre el riesgo de modificar archivos que podrían volver a fragmentarse, lo cual haría que el proceso se demorase más de lo deseado.

5.2. Copias de seguridad

Las copias de seguridad son un elemento fundamental para que los datos y configuraciones que realizamos en el sistema informático puedan estar protegidos ante eventuales problemas físicos o lógicos. Un ejemplo de problema físico sería el corte de corriente eléctrica, y un ejemplo de problema lógico sería una infección por virus.

Realizar regularmente copias de seguridad no tiene como objetivo evitar esos problemas, sino poder recuperar los datos en el caso de que estos ocurran.

Las causas que pueden provocar la pérdida de información son muy variadas: rotura de un disco duro, extraer un USB mientras se termina de cerrar, fallos de suministro eléctrico, virus, aplicaciones mal instaladas y configuradas, etc. Por estos motivos y por otros muchos, resulta imprescindible planificar y llevar a cabo las tareas de prevención correspondientes.

Todos los sistemas operativos del mercado incorporan herramientas de copia de seguridad, entendiendo que estas únicamente son llevadas a cabo por los sistemas que afectan a las configuraciones de las aplicaciones y datos sobre los que se actúa, pero nunca permiten recuperar completamente el sistema a modo de "maqueta" o fotocopia del disco duro.

Es decir, clonar un disco o hacer una imagen de un disco o partición no es lo mismo que hacer una copia de seguridad de un disco o partición.

La **copia de seguridad** también se denomina **copia de respaldo** o *backup,* y es un proceso que consiste en copiar determinados archivos o carpetas en un dispositivo de almacenamiento, normalmente diferente o distinto a aquel que contiene la información que queremos salvaguardar. Sin embargo, una imagen de disco es hacer una "fotocopia" del disco o partición en un archivo llamado archivo imagen y que servirá, si es el caso, para dejar el sistema en las mismas condiciones que cuando se hizo tal imagen.

Es evidente que la copia de seguridad no devuelve el estado de funcionalidad a un sistema operativo, simplemente nos permite salvaguardar datos que se guardan en los distintos dispositivos de almacenamiento.

Cuando decidimos qué datos queremos guardar o incluir en la copia de seguridad, debemos pensar siempre en el nivel de importancia de la información, es decir, qué archivos son más importantes y cuáles lo son menos.

En general, las copias de seguridad de datos pueden clasificarse en las que veremos a continuación, teniendo en cuenta que, en la mayoría de sistemas, los archivos/carpetas que residen en el disco disponen de un atributo que indica si dicho archivo ha cambiado desde la última vez que se realizó una copia de seguridad; este atributo es un único bit para cada archivo que el *software* de copia de seguridad se encarga de marcar o borrar cuando se necesita. El atributo reseñado está marcado inicialmente a «0», y cambia su valor a «1» cuando un usuario o el sistema modifican el contenido del archivo correspondiente, volviendo a cambiar su valor a «0» cuando se efectúa una copia de seguridad normal o incremental de dicho archivo.

Estos son los tipos de copias de seguridad generales:

- **Copia normal.** Es una copia de seguridad de todos los archivos y directorios seleccionados para copiar, que borra el atributo de modificado/archivo de cada archivo que copia.

- **Copia incremental.** En un proceso de copia de seguridad incremental, el programa que efectúa la copia examina el atributo de modificado/archivo y hace una copia de seguridad únicamente de los archivos que han cambiado desde la última copia de seguridad incremental o normal. Al igual que con la copia de seguridad normal, esta tarea borra el atributo de modificado/archivo de cada archivo que copia. Este tipo de copia minimiza el tiempo y el espacio necesario para salvar los datos al almacenar únicamente los archivos que han cambiado. No obstante, si tenemos que realizar la restauración de archivos ante un desastre, debemos disponer de todas las copias anteriores hasta llegar a la primera copia normal.

- **Copia diferencial.** Realiza el mismo proceso que la copia incremental, salvo por el hecho de que el programa no elimina el atributo de modificado/archivo de los archivos que copia en el dispositivo de copia, lo que equivale a decir que durante una copia de seguridad diferencial se copian todos los archivos que han cambiado desde la última copia de seguridad normal o incremental. Sus ventajas son que se requiere menos espacio que en la copia normal y que en el proceso de restauración únicamente necesitaremos la última copia con la copia normal, pero por contra se consume más tiempo en realizar la copia y también más espacio que en la incremental.

- **Copia diaria.** Únicamente copia los archivos que han sido modificados en el día en que se ejecuta la tarea de copia de seguridad, sin tener en cuenta el estado actual del atributo de modificado/archivo. Tampoco borra el atributo de modificado/archivo de los archivos que copia mientras se ejecuta.

- **Copia.** Es similar a la copia normal, salvo que no borra el atributo de modificado/archivo; se suele utilizar para realizar copias de seguridad adicionales en sistemas críticos.

Por lo general, todos los sistemas operativos o herramientas de copias de seguridad se encargan de realizar las siguientes funciones:

- Realizar copias de seguridad de archivos y carpetas de los discos duros del servidor o servidores, o de los equipos deseados.

- Generar copias de los datos correspondientes al estado del sistema, tales como el registro, el directorio activo, la base de datos de certificados, etcétera.

- Planificar la realización automática del proceso de copias de seguridad.

- Restaurar copias de seguridad del sistema o de carpetas individuales.

Para realizar una copia de seguridad, debemos tomar una primera decisión sobre el soporte en el que vamos a almacenar los datos, ya que algunos programas de copias de seguridad utilizan como soporte tradicional las cintas magnéticas. Hoy por hoy se utilizan sistemas RAID de disco o sistemas NAS de almacenamiento de datos por red.

La segunda decisión que tomaremos es la planificación del tipo de la copia de seguridad seleccionado de los cinco existentes de forma general, debiendo seleccionar el tipo apropiado para optimizar el tiempo de duración de la copia y el espacio de almacenamiento de la misma.

Es muy importante tener en cuenta que la realización o restauración de una copia de seguridad solamente podrá ser realizada por algunos usuarios del sistema con privilegios especiales, ya que no es una labor exenta de riesgos. En general, en sistemas de tipo Windows, están habilitados para realizar o restaurar copias de seguridad los siguientes usuarios:

- **Los administradores,** los operadores de copia y los operadores de servidor pueden copiar y restaurar todos los archivos.

- **Todos los usuarios** pueden generar copias de seguridad de sus propios archivos y carpetas, así como de los archivos y carpetas sobre los que tengan permisos de lectura, lectura y ejecución, escritura, modificación o control total.

- **Todos los usuarios** pueden restaurar sus propios archivos y carpetas, así como los archivos y carpetas sobre los que tengan permisos de escritura, modificación o control total.

En Windows 10/11, la herramienta de copia de seguridad se encuentra en *Panel de control → Historial de archivos*. Se mostrará una pantalla como la de la Figura 5.4 en la que habilitaremos las copias de seguridad automáticas de archivos de usuario, incluyendo biblioteca, escritorio, contactos y favoritos. Nada más.

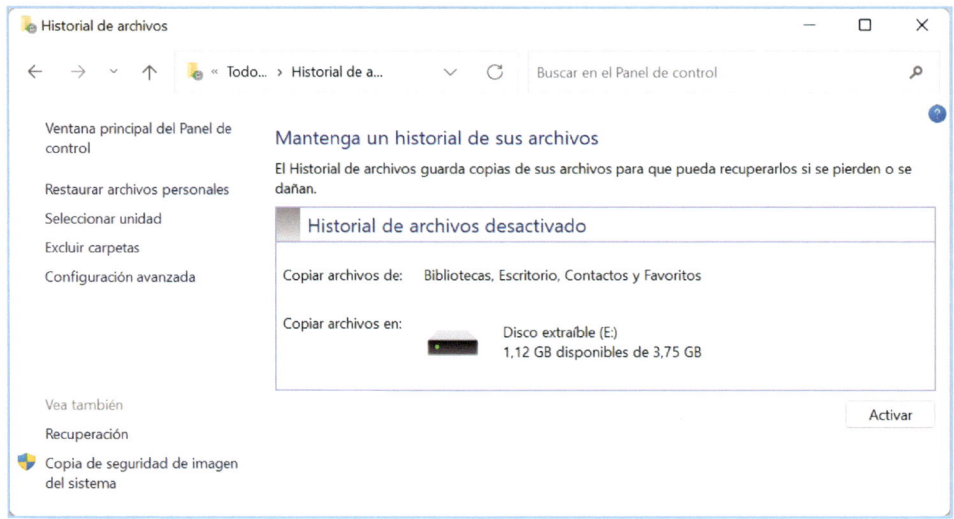

Figura 5.4. Copia de seguridad de datos personales.

Es necesario tener otra unidad de disco, *pen drive* o disco duro externo para realizar la copia. Cuando queramos que se haga por primera vez y en sucesivas ocasiones, tendremos que pulsar **Activar**.

Se grabará un archivo llamado *FileHistory* con los datos que hemos comentados antes. Si queremos restaurar estos datos, es tan sencillo como seleccionar del menú de la izquierda la opción *Restaurar archivos personales*. Si lo que queremos en realidad es hacer copias de datos, o de otros datos que no sean los de configuración del perfil de cada usuario, tendremos que ejecutar la herramienta de copia de seguridad.

Para ello, desde *Panel de control → Copias de seguridad y restauración* (Windows 7) seleccionaremos la opción de *Configurar copia de seguridad*.

Se muestra la pantalla que indica que se está iniciando el asistente de configuración de copias de seguridad, tal y como podemos ver en la Figura 5.5.

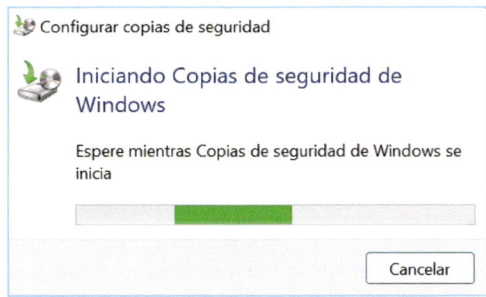

Figura 5.5. Asistente de copias de seguridad.

Lo primero que se nos pedirá es dónde queremos almacenar la copia de seguridad, pudiendo elegir incluso algún destino de red. En nuestro caso, seleccionaremos el segundo disco duro que tenemos en nuestro equipo.

A continuación se nos preguntará *De qué desea hacer la copia de seguridad* y podemos elegir dos opciones: que decida el sistema o que decidamos nosotros. En nuestro caso, seremos nosotros quienes decidiremos qué archivos y/o carpetas queremos incluir en la copia de seguridad. Seleccionaremos *Dejarme elegir* y pulsaremos **Siguiente**. La Figura 5.6 corresponde a la pantalla en la que podemos seleccionar qué datos queremos copiar de forma particular, pero eso sí, para todos los usuarios, y pudiendo incluir la unidad C: completa o alguna de sus subcarpetas.

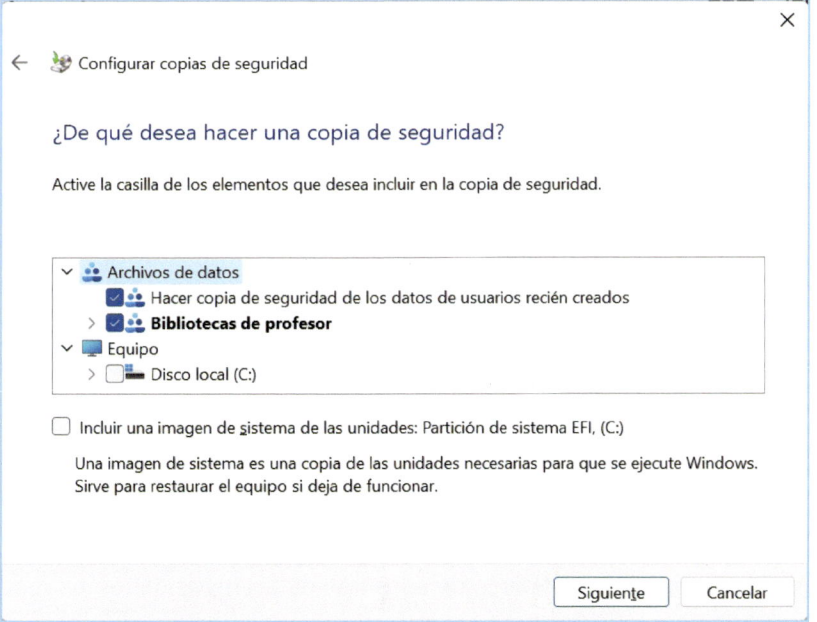

Figura 5.6. Personalizar la copia de seguridad.

Es preciso señalar que, si queremos realizar otro tipo de copia de seguridad, tendremos que recurrir a herramientas o aplicaciones externas, ya que con la herramienta de copia de seguridad de Windows 10/11 solamente podremos hacer este tipo de copias.

NOTA: Aconsejamos no incluir la imagen del sistema, ya que la copia será enorme, y esta opción se realiza mejor desde otro apartado, donde aprenderemos a realizar clonación de particiones o de discos duros incluyendo archivos de usuario, de sistema, configuraciones y aplicaciones.

5.3. Liberación de espacio

A veces podemos llegar a pensar que, aunque dispongamos de un disco duro muy grande, este nunca se llenará por completo. En parte así es, siempre y cuando no instalemos demasiadas aplicaciones, utilidades, programas, etc., y que limpiemos el disco de programas y archivos innecesarios que se van almacenando en él.

Concretamente, la *Papelera de reciclaje* es uno de los componentes que es necesario revisar y limpiar de vez en cuando, ya que la información que hay almacenada en ella ocupa espacio en disco, a veces más del que pensamos.

También ocurre que navegamos por internet sin preocuparnos de demasiadas cosas. Navegar por internet implica que en el disco duro de nuestro ordenador poco a poco se van almacenando los denominados **archivos temporales de internet,** que ocupan un espacio muy valioso, sobre todo en discos duros no demasiado grandes. Estos archivos se almacenan en el directorio *Archivos temporales de Internet.*

Por otro lado, en Windows existe un directorio llamado **TEMP** (o varios) que va almacenando información de archivos temporales utilizados en procesos de instalación, de configuración de dispositivos, de *software,* etc., y que, después de utilizarse, se quedan "temporalmente" almacenados en el directorio adecuado para posteriormente poder ser utilizados o recuperados.

Todos estos archivos, en teoría "inútiles", van ocupando poco a poco espacio en el disco, y no eliminarlos de forma periódica puede menguar la capacidad de nuestro disco y hacer que el sistema vaya más lento.

Para realizar la limpieza del disco de este tipo de archivos debemos recurrir a una herramienta que incorporan todas las versiones de Windows: el *Liberador de espacio en disco*.

Para desfragmentar un disco iremos al *Explorador de archivos*  Explorador de archivos para que podamos tener a la vista los diferentes dispositivos del sistema.

Una vez que tengamos localizados los discos o dispositivos de almacenamiento, basta con seleccionar el que queremos desfragmentar, y con el botón derecho del ratón seleccionamos *Propiedades*. En la pestaña general, en la parte central de la pantalla, tal y como vemos en la Figura 5.7, pulsaremos en *Liberar espacio.*

Figura 5.7. Liberar espacio en disco.

En este caso, liberaremos espacio del disco sobre el que hemos ejecutado las propiedades, y por lo tanto, sobre el que estamos ejecutando la acción de liberar espacio. El proceso transcurre como se muestra en la Figura 5.8.

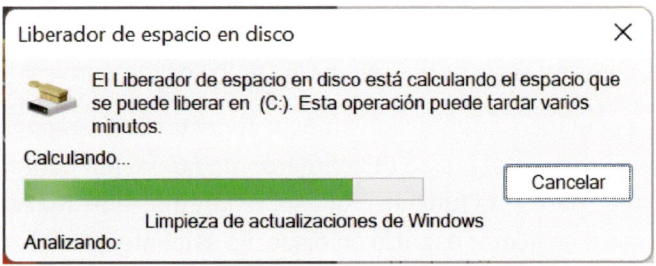

Figura 5.8. Proceso de liberar espacio en disco.

Si ejecutamos la utilidad desde *Inicio → Todas las aplicaciones → Herramientas administrativas* en Windows 10 o *Herramientas de sistema* en Windows 11 → *Desfragmentar y optimizar unidades,* se mostrará una pantalla diferente, tal y como se puede ver en la Figura 5.9. En este caso, la diferencia es que tendremos que seleccionar aquella unidad que queremos limpiar.

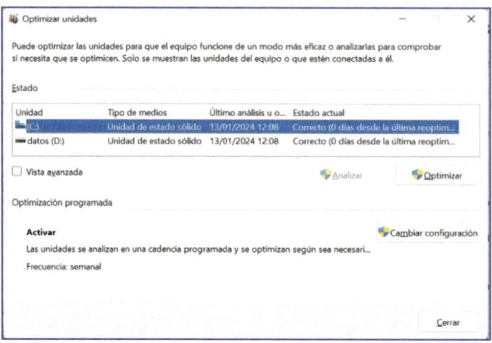

Figura 5.9. Selección de la unidad a limpiar.

Y la segunda, hacer clic en *Mi PC* o *Equipo,* en el Explorador de archivos y, en la unidad de disco en la que queramos actuar, pulsar el botón derecho del ratón, seleccionar *Propiedades* y, en la ficha *General,* pulsar el botón que indica tal acción.

Una vez ejecutada la herramienta, aparece durante un tiempo más o menos largo la pantalla de la Figura 5.8.

Este proceso durará más o menos tiempo dependiendo del número de archivos temporales de internet que tengamos, de cómo esté de llena la papelera de reciclaje, cuántos archivos temporales haya, etcétera.

Terminado este proceso, aparecerá un cuadro de diálogo en el que podremos seleccionar los archivos que queremos eliminar del disco, tal y como se puede ver en la Figura 5.10.

Podemos liberar bastantes tipos de archivos, cada uno de ellos con sus características especiales. En ningún caso la acción de eliminar implicará que el sistema deje de funcionar o que empiece a funcionar mal. Puede ocurrir que en algunas ocasiones vaya más lento hasta que vuelva a generar los archivos temporales que necesita, como es el caso concreto de los archivos temporales de internet.

En este caso específico, cuando volvamos a conectar con las páginas que utilizamos habitualmente, estas se descargarán de nuevo por completo en el directorio asignado para esta función. Por eso, tendremos que analizar hasta qué punto queremos o no liberar espacio en disco. Es evidente que lo haremos siempre que no tengamos casi nada de espacio, pero en ocasiones liberar archivos puede provocar retrasos en el sistema, como el ya comentado.

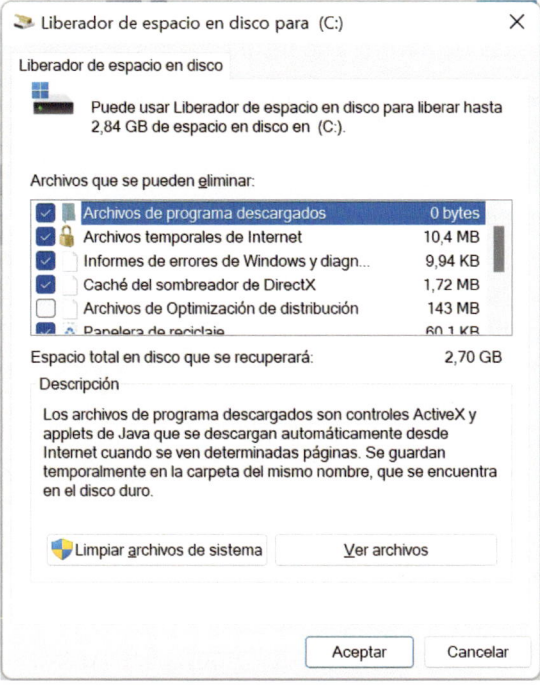

Figura 5.10. Seleccionar archivos a limpiar o eliminar.

Si pulsamos en la pestaña de *Más opciones* en Windows 10, o en *Limpiar archivos de sistema* en Windows 11, podremos liberar más espacio en el disco, eliminando por ejemplo *Componentes de Windows*, *Programas instalados*, o incluso ficheros de los posibles *Puntos de restauración,* si es que tenemos esta opción habilitada. En estos casos, los archivos eliminados sí son importantes, ya que podemos suprimir archivos propios del sistema, como *software* instalado, que evidentemente dejará de funcionar.

5.4. Programación de tareas

En todos los sistemas operativos, y en particular en las versiones de Windows de sobremesa, que son las que estamos acostumbrados a manejar, es posible automatizar la ejecución de determinadas tareas o procedimientos.

Esta automatización responde a la necesidad que pueda tener un usuario de realizar periódicamente alguna acción, como una copia de archivos, una limpieza de disco, una copia de seguridad, etcétera.

Las tareas se programan cuando queremos usar programas específicos con una frecuencia determinada de acuerdo con la programación que se elija. Por ejemplo, si utilizamos un programa de contabilidad un día determinado de cada mes, podremos programar una tarea que abra el programa automáticamente para que no se nos olvide abrirlo a nosotros.

Para automatizar procesos, ejecutaremos la herramienta 🕐 *Programador de tareas,* desde *Inicio → Todas las aplicaciones → Herramientas administrativas* en Windows 10 o *Herramientas de Windows* en Windows 11 → *Programador de tareas.* Se nos muestra una pantalla como la de la Figura 5.11. Para realizar estos pasos, tendremos que iniciar sesión como administrador o con un usuario que tenga los suficientes privilegios. Si no iniciamos sesión con privilegios de administrador, solo podremos cambiar las configuraciones que afecten a la cuenta de usuario con la que hemos iniciado la sesión.

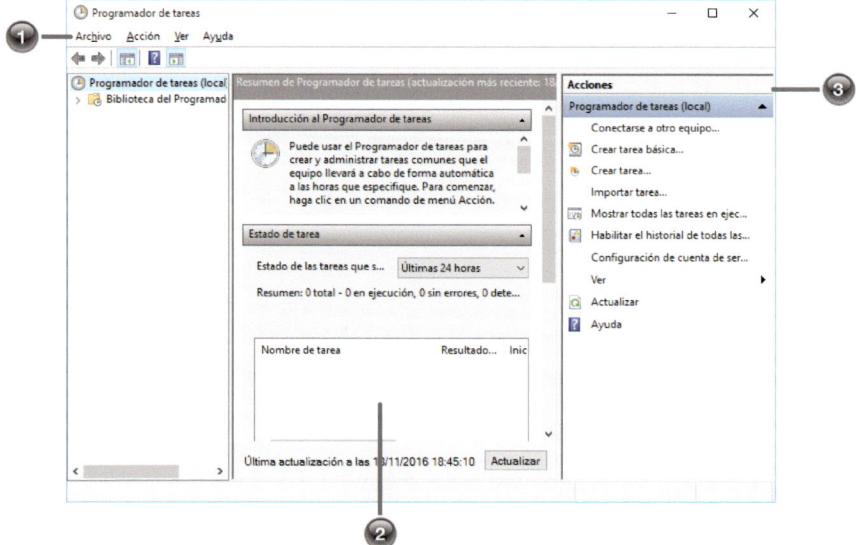

Figura 5.11. Programador de tareas Windows 10/11.

➊ **Menú de acciones.** En él podremos realizar todas las acciones relacionadas con esta herramienta.

➋ **Resumen de la programación de tareas.** En la parte central de la ventana se nos muestra un resumen de las tareas activas, del estado de las tareas, la última ejecución de cada una de ellas, etcétera.

➌ **Ventana de acciones.** Desde esta parte de la ventana realizaremos las acciones específicas para programar y configurar las tareas deseadas.

Para programar una tarea elemental, haremos clic en el menú *Acción* y luego (o directamente desde la ventana de acciones) *Crear tarea básica.* En la parte derecha de la ventana, veremos en qué parte de la programación de la tarea estamos. Los pasos para crear una tarea básica son los siguientes:

- Pulsar en *Crear una tarea básica*. Escribiremos el nombre de la nueva tarea y, si queremos una descripción para la misma, pulsaremos *Siguiente*.

- **Desencadenador**. Indicaremos cuándo o debido a qué queremos que se ejecute la tarea. En esta pantalla, seleccionaremos una de estas opciones, dependiendo de cómo o cuándo queramos que se ejecute la tarea. Veamos la Figura 5.12.

  — Para seleccionar una programación basándose en el calendario, haremos clic en *Diariamente, Semanalmente, Mensualmente* o *Una vez* y luego en *Siguiente*. Nos aparecerá una nueva ventana, en la que indicaremos la fecha de inicio, periodicidad, hora de inicio, etc., de la tarea y luego haremos clic en *Siguiente*.

  — Si así lo queremos, el desencadenador no tiene por qué basarse en un calendario, como ocurre en Windows XP/7. En Windows 10/11, podremos hacer que una tarea se ejecute basándose en eventos repetitivos: *Cuando el equipo inicie* o *Cuando inicie sesión*. Seleccionaremos lo que queramos y haremos clic en *Siguiente*. También podremos realizar la programación basándonos en eventos específicos; para ello, haremos clic en *Cuando se produzca un evento específico*, y luego en *Siguiente* y especificaremos en el campo *Registro* a qué evento asociamos la ejecución de la tarea. Terminaremos haciendo clic en *Siguiente*.

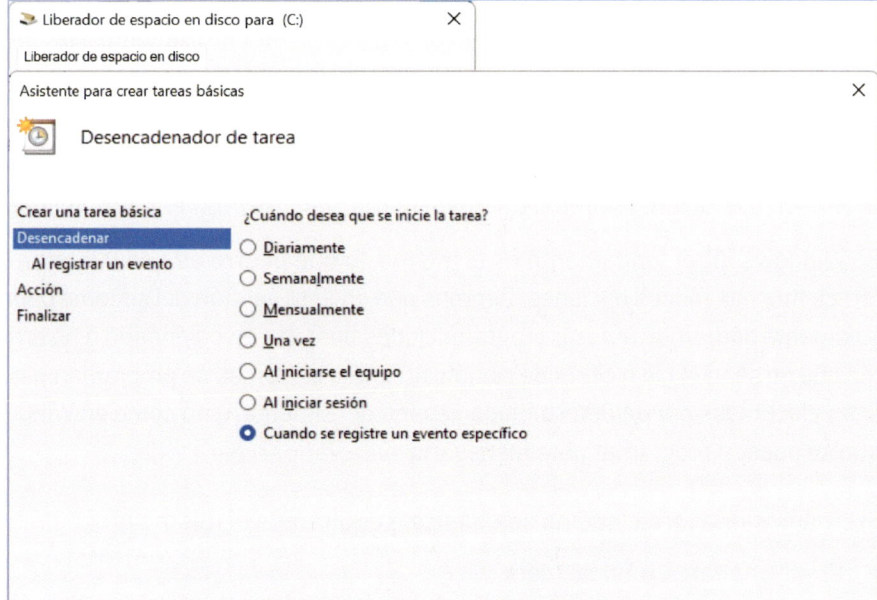

Figura 5.12. Programando una tarea. Desencadenadores.

- **Acción.** En este caso podremos indicar que la tarea que estamos programando pueda *Ejecutar un programa, Enviar un correo electrónico* o simplemente *Mostrar un mensaje.* En particular, para hacer que una aplicación se inicie automáticamente, haremos clic en *Iniciar un programa* y, a continuación, en *Siguiente.*

  Haremos clic en *Examinar* para buscar el programa que deseamos iniciar y después haremos clic en *Siguiente.* Este programa ha de ser un programa ejecutable (extensión **.exe** o **.com**) o un proceso BATCH escrito en entorno comando.

  En principio, las dos cajas de texto que aparecen más abajo, *Agregar, Argumentos* e *Iniciar en,* se utilizarán, entre otras cosas, para introducir los parámetros necesarios para que la tarea que hemos programado no necesite de la intervención del usuario, como por ejemplo una limpieza de disco.

- **Finalizar.** Finalizando el proceso de programación, y si queremos, podremos seleccionar la casilla *Abrir el diálogo propiedades para esta tarea al finalizar.* Si seleccionamos esta casilla y pulsamos *Finalizar,* nos aparecerá un cuadro de diálogo resumen de nuestra nueva tarea, donde podremos modificar lo que acabamos de hacer o no. Si no seleccionamos esta casilla y pulsamos *Finalizar* habremos terminado la programación.

Terminada la programación de la tarea, podremos ver que en la parte central de la pantalla de la Figura 5.11, donde indica *Tareas activas*, aparece nuestra nueva tarea. Si hacemos doble clic sobre ella, podremos modificar lo que hemos programado, y observaremos que en la parte derecha de la ventana aparecen nuevos botones e iconos.

Con estas acciones, podremos ejecutar directamente la tarea, podremos pararla si está en ejecución, podremos deshabilitarla, ver sus propiedades o eliminarla.

En Windows XP, el fundamento es el mismo, lo que ocurre es que la herramienta ofrece muchas menos opciones. Diremos que en esta versión del sistema operativo solamente podremos realizar programaciones basadas en calendario y no en eventos que no sean inicio y cierre de sesión. Además, las tareas se programan para que sean ejecutadas por un determinado usuario del sistema, y no como en Windows 7, que se pueden programar para un usuario, para varios o para todos.

Si creamos una tarea, que no sea básica, seguiremos el mismo procedimiento:

- **Crear una tarea básica.** Ídem.
- **Desencadenador.** Ídem.
- **Acción.** Ídem.

- **Condiciones**. Situaciones en las que queremos que la tarea se inicie, pause o reanude en función de lo que pueda ir ocurriendo en el sistema, como por ejemplo si en un equipo portátil estamos conectados a corriente alterna.

- **Configuración**. Iniciar prioridad de la tarea, cuándo acabará o no en función de lo que pueda ocurrir en el sistema y en función de las propiedades del que programa la tarea.

5.5. Restauración del sistema

Creación de imágenes

Veamos cómo se puede realizar el proceso de creación y restauración de imágenes en Windows con objeto de poder restaurar el sistema y dejarlo en su estado original.

En Windows 10/11, la herramienta de creación de imágenes podremos ejecutarla desde *Panel de control → Copias de seguridad y restauración (Windows 7)* y seleccionaremos la opción de *Crear una imagen del sistema.*

Se mostrará la pantalla de la Figura 5.13.

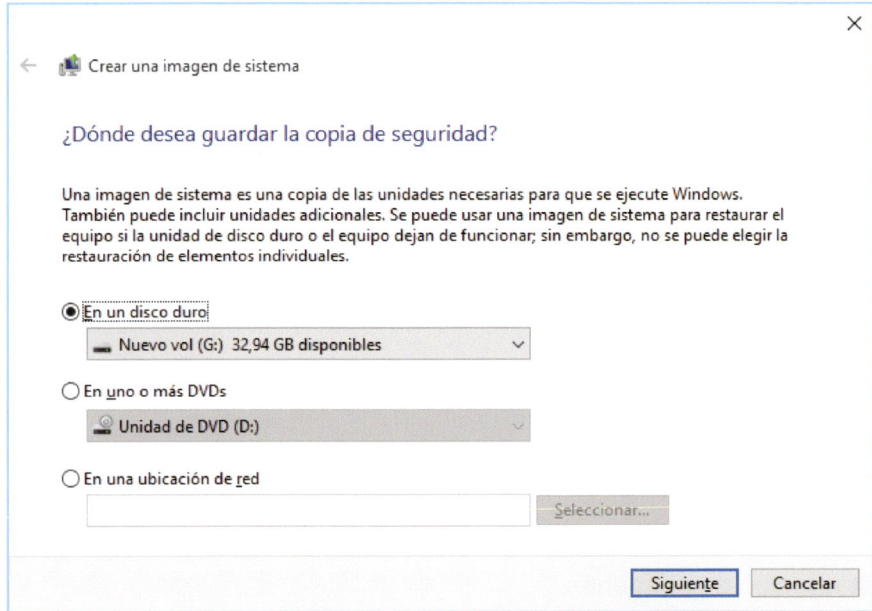

Figura 5.13. Pantalla principal de la copia de seguridad.

En esta pantalla seleccionaremos el destino de la copia de seguridad, que nunca puede ser el mismo disco o partición que se va a clonar, ya que el proceso sería recursivo. El origen y destino de la copia no pueden ser el mismo.

Lo normal es seleccionar otro disco duro, partición, disco externo, USB, DVD o incluso la red como destino de la copia. En el caso de red, se nos pedirá el nombre de una carpeta compartida en otro equipo de la red. En nuestro caso, realizaremos la copia en el disco duro G: que tenemos instalado en nuestro sistema.

Seleccionado el destino de la copia, pulsamos en **Siguiente**. En la siguiente pantalla, Figura 5.14, simplemente queda confirmar y empezar la copia pulsando **Iniciar copia de seguridad**.

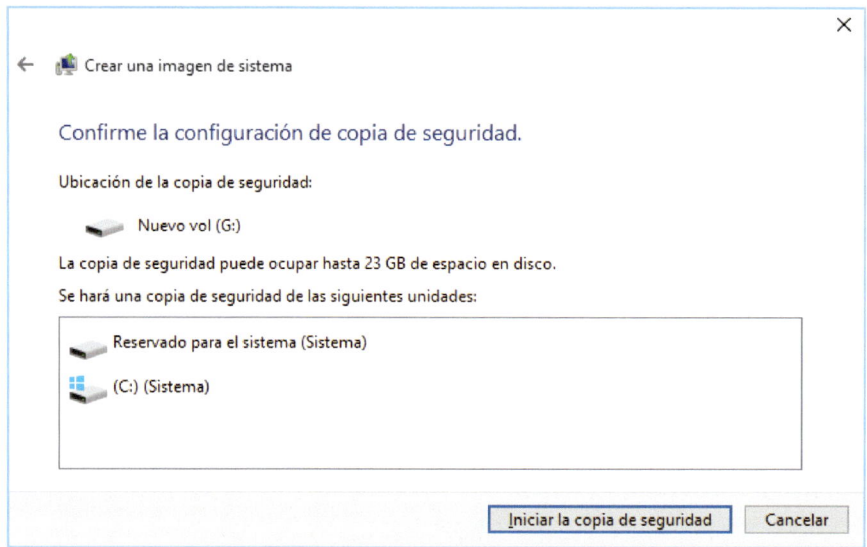

Figura 5.14. Inicio de la copia.

Se muestra un cuadro de diálogo en el que se indica el proceso de la copia.

Es importante tener en cuenta, que, en Windows, las imágenes de sistema se hacen en **caliente**, es decir, con el sistema operativo funcionando y con funcionalidad plena, sin tener que reiniciar el equipo. Otra cosa es la restauración, que será en **frío**, es decir, sin ejecutar el sistema operativo, salvo la herramienta propia de restauración.

Restauración de imágenes

Una vez creada la imagen del sistema, independientemente del destino donde se haya creado, podremos realizar, cuando lo necesitemos, el proceso de restauración.

Este, en el 99 % de las ocasiones, es un proceso que se realiza en frío, es decir, iniciando la herramienta de restauración y sin que el sistema operativo se inicie o cargue, salvo el programa que ejecuta la restauración.

Veamos cómo se restauran imágenes creadas en Windows 10/11.

En primer lugar, tendremos que saber dónde está almacenado el archivo de imagen que hemos creado con anterioridad. En nuestro caso, se encuentra en la unidad G:. El nombre de este archivo será siempre el mismo **WindowsImageBackup** y contiene una réplica exacta del sistema recién maquetado.

Es importante destacar que no puede hacer dos archivos de imagen en la misma ubicación, es decir, en la misma partición o en el mismo disco o carpeta, por lo que si queremos hacer más de una imagen del sistema, tendremos que hacerla en otro dispositivo o carpeta, cambiar el nombre de la imagen que se ha hecho con anterioridad o simplemente borrar la imagen anterior para hacer una nueva.

Si cambiamos el nombre de la imagen, no ocurrirá nada más que en un proceso de restauración no será reconocido como archivo válido de imagen, pero eso no implica que la imagen esté completa y en buen estado. Si queremos utilizar un archivo imagen que hubiéramos renombrado, podremos utilizarlo simplemente con ponerle el nombre original.

En cualquier caso, para ejecutar la herramienta de restauración en cualquier sistema Windows, tendremos que apagar el equipo y volverlo a encender, o simplemente encenderlo si ya estaba apagado, y pulsar la tecla **F8** al iniciar el arranque selectivo.

```
C:\windows\system32> bcdedit /set {default} bootmenupolicy legacy
```

De esta forma, podremos arrancar el equipo y ejecutar la opción *Reparar equipo.*

Si no pudiéramos ejecutar el comando anterior para habilitar el arranque selectivo, porque el equipo simplemente no se inicia o no podemos hacer nada sobre él, tendremos que introducir el *software* del sistema operativo en el DVD, USB, o dispositivo desde el que lo instalamos, preparar el BIOS para arrancar desde este dispositivo, iniciar el equipo y, en las pantallas que se muestran, seleccionar el idioma en primer lugar y en la siguiente pantalla *Reparar el equipo.*

En cualquiera de los dos casos llegaremos al mismo punto, y se iniciará la consola de recuperación del sistema, además de otras muchas más opciones.

Veamos el proceso:

EXPLICACIÓN DEL PROCESO	PANTALLA Y OPCIÓN
En esta primera pantalla tendremos que seleccionar la opción *Solucionar problemas*.	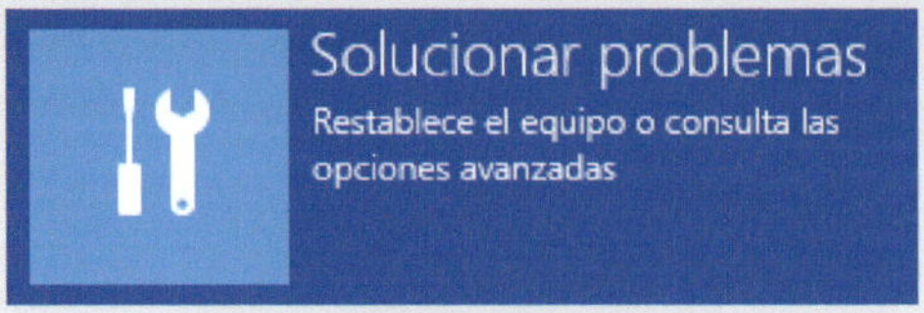 **Solucionar problemas** Restablece el equipo o consulta las opciones avanzadas **Figura 5.15.**
A continuación, seleccionaremos *Opciones avanzadas*.	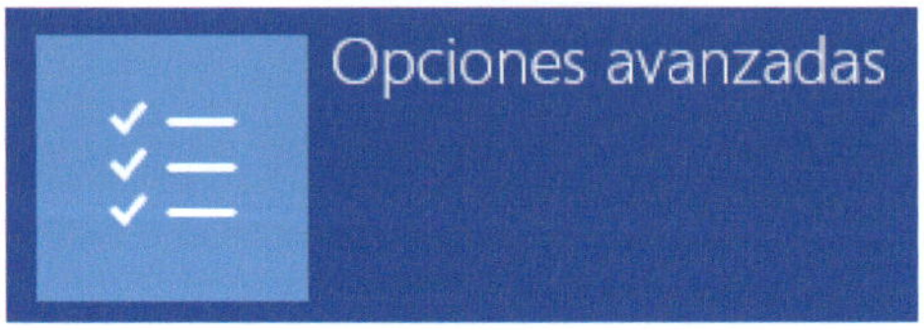 **Opciones avanzadas** **Figura 5.16.**
De las opciones que salen, seleccionamos restaurar el sistema, ya que esta opción no tiene nada que ver con la que debemos seleccionar, que es *Recuperación de imagen del sistema*.	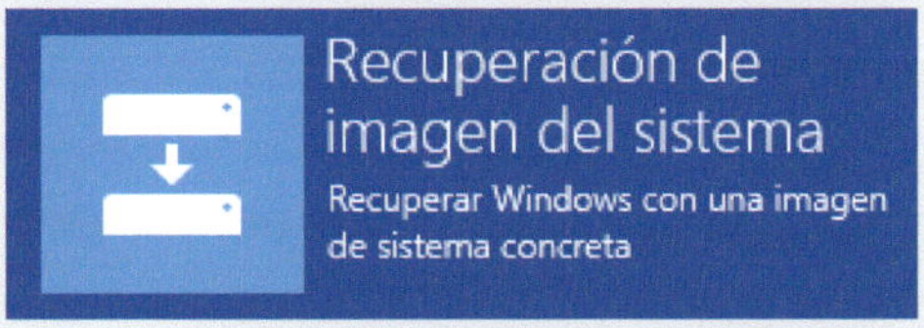 **Recuperación de imagen del sistema** Recuperar Windows con una imagen de sistema concreta **Figura 5.17.**
Seleccionaremos una cuenta de la base de datos de usuario del sistema para poder iniciar el proceso de restauración. Es necesario conocer la clave de acceso. Lo normal es iniciar el proceso con la cuenta de *Administrador*. Si hubiéramos arrancado desde el DVD del producto, no se nos pedirían credenciales de acceso.	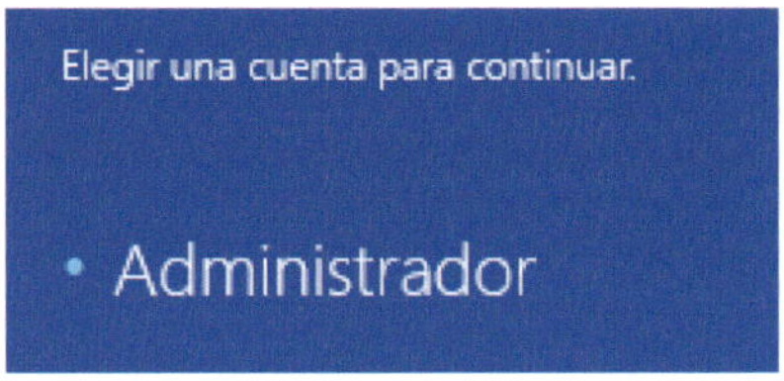 Elegir una cuenta para continuar. • Administrador **Figura 5.18.**
Se muestra la pantalla en la que aparecerá la imagen que el sistema haya encontrado en alguno de los dispositivos conectados al equipo. Si hay varios dispositivos con varias imágenes, se mostrarán todas ellas y podremos seleccionar la que queramos. Pulsamos *Siguiente* si la imagen que se muestra es la que queremos restaurar, o *Seleccionar una imagen del sistema* para explorar los dispositivos o la red en busca de otra imagen.	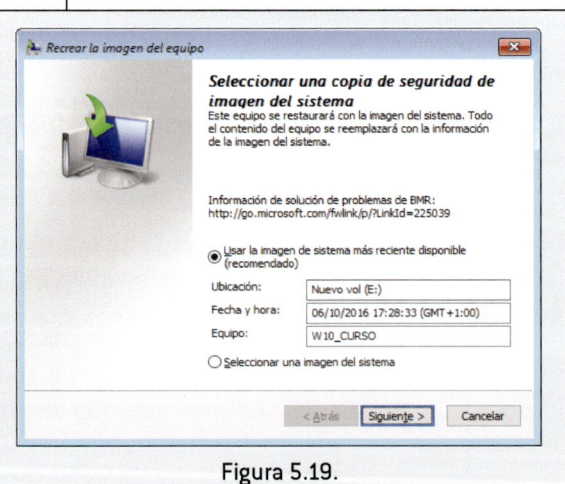 **Figura 5.19.**

EXPLICACIÓN DEL PROCESO	PANTALLA Y OPCIÓN
En principio, en la siguiente pantalla no seleccionaremos ninguna opción adicional de controladores ni nada por el estilo, simplemente pulsaremos *Siguiente*. Solamente si nuestro disco duro no ha sido reconocido es cuándo tendremos que seleccionar controladores adicionales para poder utilizarlo en el proceso.	
Se mostrará una pantalla resumen del proceso de restauración y de las opciones elegidas, y si todo es correcto, pulsaremos en *Finalizar* para que el proceso comience. Se mostrará un mensaje de advertencia que confirmaremos para hacer efectivo el proceso de restauración.	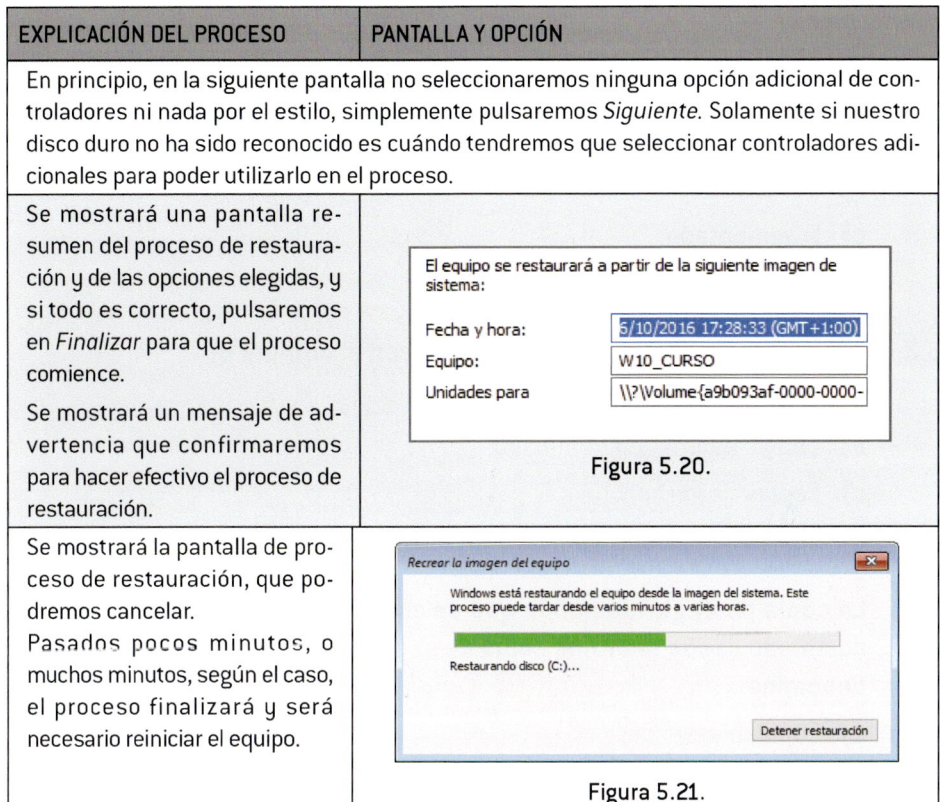 Figura 5.20.
Se mostrará la pantalla de proceso de restauración, que podremos cancelar. Pasados pocos minutos, o muchos minutos, según el caso, el proceso finalizará y será necesario reiniciar el equipo.	Figura 5.21.

Para la creación y restauración de imágenes, particiones y clonaciones de disco, existen en el mercado algunas herramientas gratuitas como las siguientes:

- **Clonezilla**. Es una de las herramientas para crear imágenes de los discos duros y particiones más utilizadas. Es *software* libre y nos permite crear copias de seguridad y restaurarlas sin la necesidad de *software* adicional. Pensado para plataformas Linux, funciona perfectamente con la versión LIVE en casi todo tipo de plataformas.

- **Redo Backup and Recovery**. Es la alternativa privativa a Clonezilla con características muy similares.

- **AOMEI OneKey Recovery**. Es ideal para ordenadores portátiles, con prestaciones similares y con posibilidad de que las imágenes creadas sean restauradas por el propio sistema operativo.

- **Macrium Reflect Free Home**. Herramienta gratuita, con muchas opciones de configuración y con una flexibilidad a la hora de restaurar imágenes en diferentes plataformas *hardware,* que la convierten probablemente en una de las mejores opciones del mercado.

ACTIVIDADES

5.1. **Cuando los clústeres que ocupa un archivo no están contiguos, se dice que el archivo está…**

a) Corrompido.

b) Defectuoso.

c) Fragmentado.

d) Disperso.

5.2. **Las copias de seguridad también reciben el nombre de…**

a) Copias de respaldo.

b) Copias de imagen de núcleo.

c) Copias de *kernel*.

d) Copias de restauración de sistema.

5.3. **La copia de seguridad en la que se copian solo los archivos que han cambiado desde la última copia de seguridad incremental o normal se denomina...**

a) Copia diferencial.

b) Copia completa.

c) Copia diaria.

d) Copia incremental.

5.4. **El proceso que consiste en copiar un disco o partición completa de un disco en un archivo se denomina…**

a) Creación de un archivo imagen.

b) Clonación.

c) Copia de seguridad completa.

d) Copia de seguridad diferencial.

5.5. **Podemos ejecutar una tarea programada en diferentes programaciones…**

a) No, ya que cada programación afecta exclusivamente a una tarea.

b) Sí, pero tenemos que realizarla en días diferentes.

c) Solamente si la tarea programada tiene como desencadenador iniciar el equipo.

d) Sí, siempre que queramos.

5.6. ¿Podemos realizar una imagen de sistema en un disco de red?

a) No.

b) Sí, aunque solamente si el disco es de tipo RAID.

c) Sí.

d) Sí, aunque solamente si el disco es de tipo NAS.

5.7. El proceso de creación de imágenes puede hacerse en…

a) Solamente en frío.

b) Solamente en caliente.

c) En frío o en caliente.

d) De ninguna de las formas anteriores.

5.8. El proceso de restauración de imágenes puede hacerse en…

a) Solamente en frío.

b) Solamente en caliente.

c) En frío o en caliente.

d) De ninguna de las formas anteriores.

COMPRUEBA TUS CONOCIMIENTOS

5.1. Haz un estudio de cuáles son los sistemas de archivos más utilizados en la actualidad, en Windows y en Linux, aportando alguna característica de ellos, e indicando en que versión de cada tipo de sistema operativo son utilizados.

5.2. Desfragmenta el disco duro de tu equipo. Puede ser el principal o el secundario. Analiza el resultado y comprueba si en un siguiente inicio de sesión el equipo va algo mejor.

5.3. Libera el espacio que puedas en el disco, para posteriormente hacer una copia de seguridad de los archivos y configuraciones de los usuarios creados en el sistema.

5.4. Libera también los archivos de sistema, actualizaciones y puntos de restauración.

5.5. Crea una tarea programada que sea la de apagar el equipo a las diez de la noche, utilizando el comando Shutdown /s /t 60, que se ejecutará en un fichero que crearemos en el escritorio llamado apagar.bat.

5.6. Realizado este proceso, en una nueva partición del disco duro, en un disco duro externo o bien a través de la red en una carpeta compartida, haz una imagen del sistema. Sería conveniente realizarla en una máquina virtual.

5.7. Si dispones de *software* de virtualización, crea una nueva máquina virtual vacía y en ella restaura la imagen que acabas de crear.

6. Gestión de procesos y recursos

Contenido

6.1. Mensajes y avisos del sistema

Centro de actividades

El denominado **Centro de actividades de Windows 10** nos permite ver las notificaciones de aplicaciones y nos da acceso rápido a las configuraciones que utilizamos de forma habitual.

Aunque con la llegada de Windows 10/11 fue anunciado como una de las novedades de la última versión del sistema operativo de Microsoft, el *Centro de actividades y notificaciones* no es una característica nueva de Windows, eso sí, llegó totalmente renovado con respecto a las versiones anteriores del sistema.

Para administrar y configurar el centro de notificaciones, iremos a ▦ y pulsaremos en *Configuración.* Se mostrará una pantalla como la de la Figura 6.1, en la que elegiremos la opción **Sistema** → *Pantalla, notificaciones…*

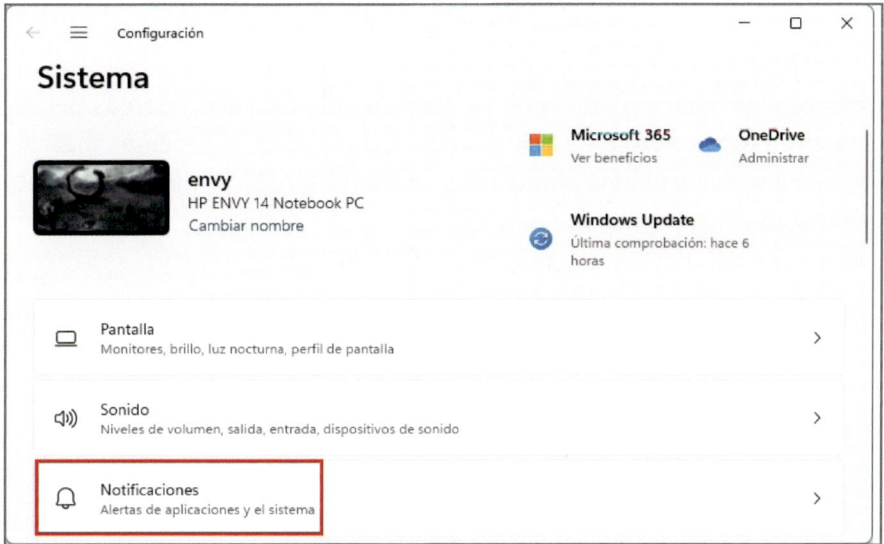

Figura 6.1. Sistema.

Al pulsar en esa opción, en la nueva pantalla que se muestra seleccionaremos *Notificaciones y acciones,* en Windows 10 y *Notificaciones* en Windows 11, como se muestra en la Figura 6.2.

Se trata de una herramienta que, en Windows 10, se encuentra en la barra de tareas donde el usuario puede acceder a diferentes tareas del sistema y donde Windows muestra determinadas notificaciones, entre otras cosas.

En Windows 10, si hacemos clic en el icono de notificación 🗐 en la esquina inferior derecha, podremos ver las notificaciones o ajustar la configuración rápidamente.

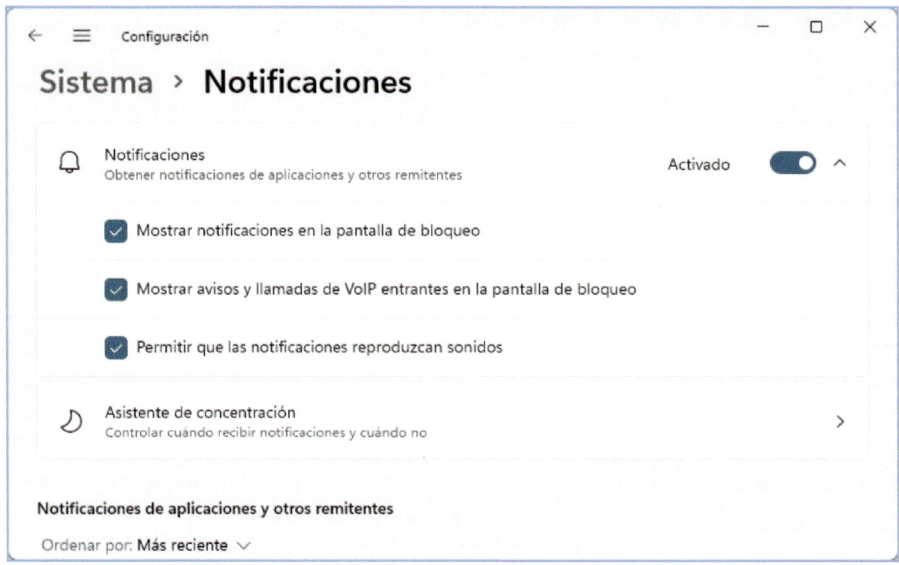

Figura 6.2. *Centro de notificaciones.*

Se trata de algo realmente útil para muchos usuarios, ya que, además del acceso directo a tareas importantes, ofrece diferentes opciones de personalización y configuración, como vamos a mostrar a continuación. Sin embargo, para otros puede resultar algo incómodo y poco útil, por lo que también indicaremos cómo desactivarlo.

A veces ocurre que el *Centro de actividades* es molesto a la hora de mostrar mensajes y lanzar notificaciones. Para proceder a su personalización, accederemos a la pantalla de la Figura 6.2 y, en el panel de la derecha, en la ventana de configuración, podremos ver opciones como estas:

- En *Acciones rápidas*, elegiremos el orden en el que queremos que aparezca en el *Centro de actividades*. Las cuatro primeras se muestran siempre por defecto y el resto serán las que se vean cuando se expande la vista.

- También podemos *Seleccionar los iconos que queremos que aparezcan en la barra de tareas.*

- Incluso podemos *Activar o desactivar determinados iconos del sistema.*

- En el apartado de notificaciones podemos encontrar varios interruptores para decidir si queremos activar o no:

  — Sugerencias de Windows.

  — Notificaciones de aplicaciones.

  — Que las notificaciones se puedan mostrar en la pantalla de bloqueo.

— Que se nos muestren alarmas, avisos de actualizaciones o llamadas **VoIP** en la pantalla de bloqueo.

— Ocultar notificaciones mientras se está presentando.

De entre todas las aplicaciones instaladas en el equipo, también podemos decir de cuál o cuáles queremos que el sistema nos muestre notificaciones activando el interruptor de cada una en el listado que se nos muestra.

El *Centro de actividades* también muestra **notificaciones de seguridad**, por lo que es importante saber que si en algún momento desactivamos nuestro antivirus o *firewall,* vamos a tener de forma constante una notificación en nuestro escritorio.

Para evitar esto, podemos desactivar este tipo de notificaciones tanto en Windows 10 como en Windows 11 desde el *Panel de control → Seguridad y mantenimiento → Cambiar la configuración de seguridad y mantenimiento*, activando o desactivando las casillas de verificación de los mensajes que queramos respecto de lo que hayamos o no habilitado en el centro de notificaciones, tal y como se muestra en la Figura 6.3.

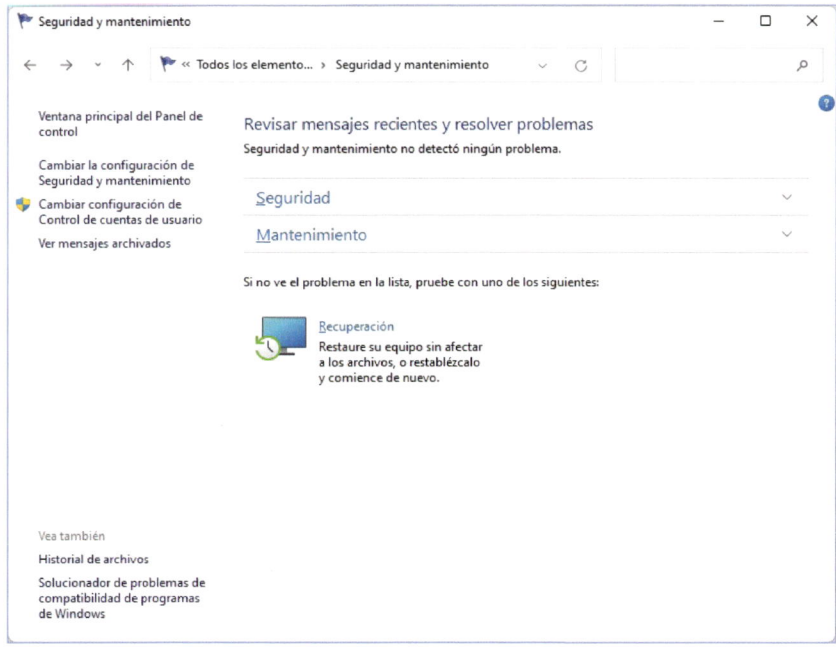

Figura 6.3. Notificaciones del sistema.

También es posible dar al *Centro de actividades* un toque personal cambiando algunos aspectos de su apariencia, como el color y su transparencia desde la *Configuración → Personalización → Colores.*

Cómo desactivar el *Centro de actividades* en Windows 10

Para deshabilitar el *Centro de actividades y notificaciones,* si ese es nuestro deseo, iremos a *Inicio → Configuración → Sistema → Notificaciones y acciones* y entrando en la opción de *Activar o desactivar iconos del sistema* podemos activar o desactivar el propio *Centro de actividades.*

Si lo que queremos es deshacernos de él por completo en nuestro equipo, tendremos que acceder al registro del sistema y realizar algunas acciones y modificaciones en el mismo. Veremos esto a modo de ejemplo al final del capítulo.

En realidad, en este sistema operativo, las notificaciones son menos personalizables desde un punto tan centralizado como en Windows 10.

Observaremos que en Windows 11, si pulsamos en el icono de *Inicio → Configuración → Notificaciones,* se muestra una pantalla con muchas menos opciones que en Windows 10, pero esto no es algo malo.

Simplemente las notificaciones se irán activando o desactivando en los lugares en los que vayamos modificando la configuración del sistema, siendo realmente complicado hacer un compendio de la configuración de notificaciones, salvo aquellas que salen en la pantalla habilitada a tal efecto.

6.2. Eventos del sistema

Los eventos del sistema, en cualquier sistema, son aquellas acciones o situaciones que son susceptibles de registrarse para conocer qué es lo que está pasando en el sistema.

Estas acciones pueden ser realizadas por el usuario que utiliza el equipo, por el propio sistema, por aplicaciones, o incluso por otros ususarios o aplicaciones desde la red, si es que el equipo está conectado a una red local o extensa.

Por ello, además de conveniente, es necesario de vez en cuando revisar los diferentes tipos de sucesos o eventos que pueden ocurrir en nuestro sistema y que se registran de forma automática en el mismo.

El *Visor de eventos* es una herramienta administrativa que en la mayor parte de versiones de Windows de escritorio, y especialmente en las versiones Windows Server, nos permite acceder a registros detallados de los sucesos ocurridos en el equipo y así diagnosticar problemas cuando se presentan fallos con alguna aplicación o componente del sistema operativo.

A continuación veremos cómo funciona esta herramienta y de qué manera podemos sacarle provecho para ayudarnos a solucionar problemas.

Para acceder al *Visor de eventos* de Windows, lo normal es entrar desde *Panel de control → Herramientas administrativas → Visor de eventos*. Se mostrará una pantalla como la de la Figura 6.4.

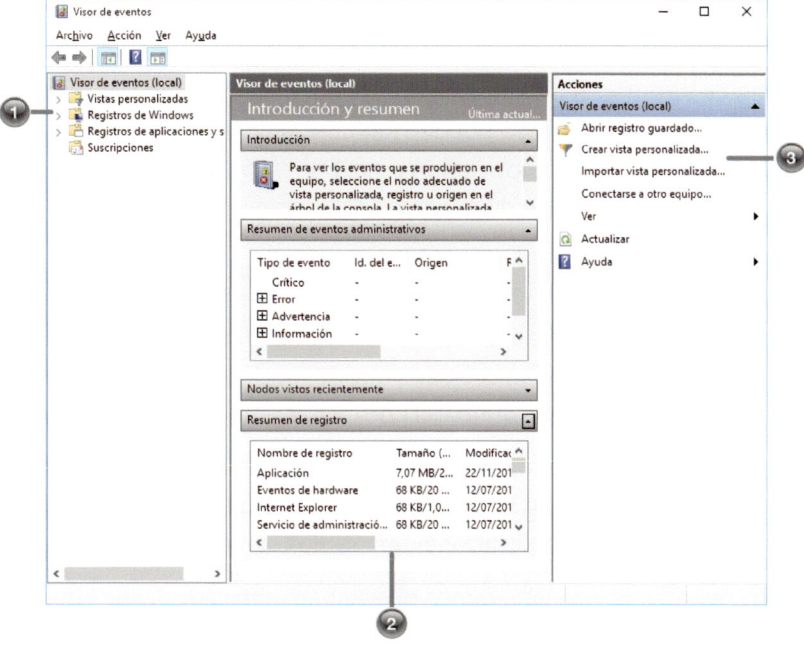

Figura 6.4. Visor de eventos.

① Árbol del visor de eventos. Muestra una estructura jerárquica de los tipos de eventos, tanto de sistema como de aplicación.

② Resumen del tipo de evento seleccionado. Muestra el resumen de la vista seleccionado en el árbol de la izquierda.

③ Ventana de acciones. Desde esta parte de la ventana realizaremos las acciones específicas para crear vista, e incluso exportar la lista de eventos del sistema.

En general, la herramienta nos mostrará los registros de los eventos importantes que han sucedido en el equipo. Por ejemplo, cuando un usuario ha iniciado sesión o cuando alguna aplicación ha dado error. Los tipos de eventos que nos muestra el *Visor de eventos* de Windows son:

- **Eventos de aplicaciones o programas**: muestran los errores, advertencias o informaciones que se derivan del uso de las aplicaciones instaladas en nuestro equipo. Según su gravedad, los eventos más importantes son:

  — Errores que suponen problemas serios como una pérdida repentina de datos.

— Advertencias, que son mensajes que nos indican la posibilidad de futuros problemas con alguna aplicación.

— Informaciones que no indican problemas concretos, sino que describen las operaciones correctas de las aplicaciones, controladores y servicios en el sistema operativo.

- **Eventos de seguridad o auditorías:** muestran los eventos relacionados con las auditorías de sesiones, y pueden ser correctos o con errores, dependiendo si se ha logrado la autenticación o no. Por ejemplo, el inicio de sesión en Windows de algún usuario de nuestro equipo registraría un evento de seguridad sin errores.

- **Eventos de configuración (Windows 10) o Eventos de instalación (Windows 11):** cuando se instalan programas en Windows, se crean archivos de registro o configuración para todas las acciones que se producen durante la instalación. Este tipo de eventos puede ayudar a solucionar problemas de instalación.

- **Eventos del sistema:** muestran los registros relacionados con el funcionamiento del sistema operativo y sus servicios. Estos pueden clasificarse de igual modo que los eventos de aplicaciones: en errores, advertencias o informaciones.

- **Eventos reenviados:** son los eventos que se han reenviado desde otros equipos.

Cuando conocemos y tenemos información sobre los diferentes tipos de eventos, es cuando podemos detectar con mayor facilidad el tipo de problema al que nos tenemos que enfrentar y, en función de ello, buscar una solución acorde, además de poder llevar un mayor control sobre lo que sucede en nuestro equipo y así detectar actividades sospechosas que quizá no se noten a simple vista.

En la Tabla 6.1 podemos ver detalladamente las propiedades generales de cualquier evento.

Tabla 6.1. Propiedades de los eventos

NOMBRE DE PROPIEDAD	DESCRIPCIÓN
Origen	*Software* que registró el evento, que puede ser un nombre de programa, como SQL Server, un componente del sistema o un componente de un programa grande, como un nombre de controlador. Por ejemplo, "Elnkii" indica que se trata de un controlador de EtherLink II.
Id. de evento	Número que identifica el tipo de evento concreto. La primera línea de la descripción suele contener el nombre del tipo de evento. Por ejemplo, 6005 es el identificador del evento que se produce al iniciar el servicio Registro de eventos. La primera línea de la descripción de este evento es "Se inició el servicio de Registro de eventos". Los representantes de soporte técnico pueden utilizar el identificador y el origen del evento para solucionar problemas del sistema.

NOMBRE DE PROPIEDAD	DESCRIPCIÓN
Nivel	Clasificación de la gravedad del evento. Pueden producirse los siguientes niveles de gravedad del evento en los registros de la aplicación y del sistema: • **Información**. Indica que se ha producido un cambio en una aplicación o componente, como por ejemplo que una operación se ha completado correctamente, que se ha creado un recurso o que se ha iniciado un servicio. • **Advertencia**. Indica que se ha producido un problema que puede afectar al servicio o que puede dar lugar a un problema más grave si no se toman medidas. • **Error**. Indica que se ha producido un problema que puede afectar a la funcionalidad externa a la aplicación o al componente que desencadenó el evento. • **Crítico**. Indica que se ha producido un error del que no puede recuperarse automáticamente la aplicación o el componente que desencadenó el evento. Pueden producirse los siguientes niveles de gravedad del evento en el registro de seguridad: • **Auditoría de aciertos**. Indica que se han aplicado correctamente los derechos de un usuario. • **Auditoría de errores**. Indica que se ha producido un error en el ejercicio de los derechos de un usuario. En la vista de lista normal del visor de eventos, estos están representados por un símbolo.
Usuario	Nombre del usuario en cuyo nombre se produjo el evento. Este nombre es el identificador del cliente si el evento se produjo por un proceso de servidor, o el id. principal si no se realiza suplantación. Cuando sea aplicable, las entradas del registro de seguridad contienen los identificadores principal y de suplantación. La suplantación se produce cuando un proceso adopta los atributos de seguridad de otro proceso.
Código operativo	Contiene un valor numérico que identifica la actividad o un punto de una actividad que la aplicación estaba realizando cuando se provocó el evento. Por ejemplo, la inicialización o el cierre.
Registro	El nombre del registro en el que se registró el evento.
Categoría de tarea	Se usa para representar un subcomponente o una actividad del publicador de eventos.
Palabras clave	Conjunto de categorías o etiquetas que se pueden usar para filtrar o buscar eventos. Algunos ejemplos son las de "Red", "Seguridad" o "Recurso no encontrado".
Equipo	Nombre del equipo en el que se produjo el evento. El nombre del equipo suele corresponderse con el del equipo local, pero puede ser el nombre de un equipo que reenvió el evento o el nombre del equipo local antes de que cambiara de nombre.
Fecha y hora	Fecha y hora en que se registró el evento.

A continuación, en la Tabla 6.2 se detallan las propiedades que se pueden mostrar agregando columnas al *Visor de eventos*. Para ello, en la ventana de la pantalla de la Figura 6.4, pulsaremos en *Ver → Agregar o quitar columnas.*

Tabla 6.2. Personalizar columnas del visor de eventos

NOMBRE DE PROPIEDAD	DESCRIPCIÓN
Id. del proceso	Número de identificación del proceso que generó el evento.
Id. de subproceso	Número de identificación del subproceso que generó el evento.
Id. de procesador	Número de identificación del procesador que procesó el evento.
Id. de sesión	Número de identificación de la sesión del *Terminal Server* en el que ocurrió el evento.
Tiempo de *kernel*	Tiempo de ejecución transcurrido en instrucciones en modo *kernel* en unidades de tiempo de CPU.
Tiempo de usuario	Tiempo de ejecución transcurrido en instrucciones en modo de usuario en unidades de tiempo de CPU.
NOMBRE DE PROPIEDAD	DESCRIPCIÓN
Tiempo de procesador	Tiempo de ejecución transcurrido en instrucciones en modo de usuario en marcas de la CPU.
Id. de correlación	Identifica la actividad en el proceso en el que está implicado el evento. Este identificador se usa para especificar relaciones simples entre eventos.
Id. de correlación relativa	Identifica una actividad relacionada en un proceso en el que está implicado el evento.

6.3. Rendimiento del sistema

A veces, según las aplicaciones que ejecutemos y el *hardware* del que dispongamos, es conveniente saber de qué forma se comporta nuestro sistema, ya que podremos notar bajones en el rendimiento. De esta forma, podremos analizar cuáles son los puntos críticos en los que el *hardware* de nuestro equipo está fallando o simplemente escasea.

El rendimiento del sistema puede analizarse con herramientas externas o internas del sistema operativo, pero la que incorpora Windows 10/11 ha mejorado tanto en los últimos tiempos que es más que sufiente para conocer perfectamente el comportamiento del *hardware* de nuestro equipo en aspectos como el uso de cuatro elementos fundamentales:

- Procesador.

- Memoria RAM.

- Uso de disco.

- Uso de tarjeta de red.

Para acceder a la ventana principal del visor de rendimiento de
nuestro sistema, tendremos que
acceder al administrador de tareas, que podemos ejecutar pulsando simultáneamente las teclas
Ctrl+Alt+Supr y, cuando se muestra la pantalla de la Figura 6.5,
pulsar en la opción *Administrador
de tareas.*

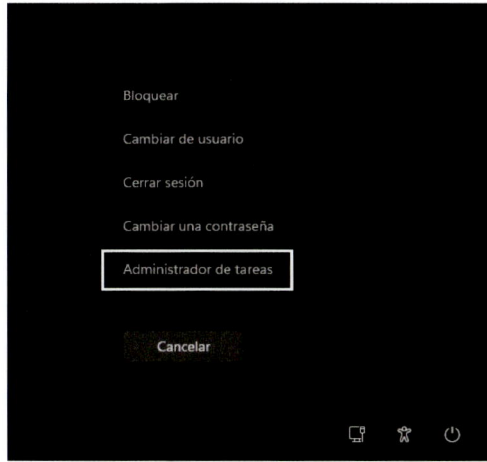

Figura 6.5. Administrador de tareas.

Otra forma de acceder es desde cualquier zona de la barra de tareas que no
tenga ninguna tarea, pulsando el botón derecho del ratón y seleccionando *Administrador de tareas*. En ambos casos se mostrará una pantalla en la que en
Windows 10, si es el caso, pulsaremos en *Más detalles* y haremos clic en la pestaña de *Rendimiento*. En Windows 11, se mostrará directamente la pantalla
como la que se muestra en la Figura 6.6.

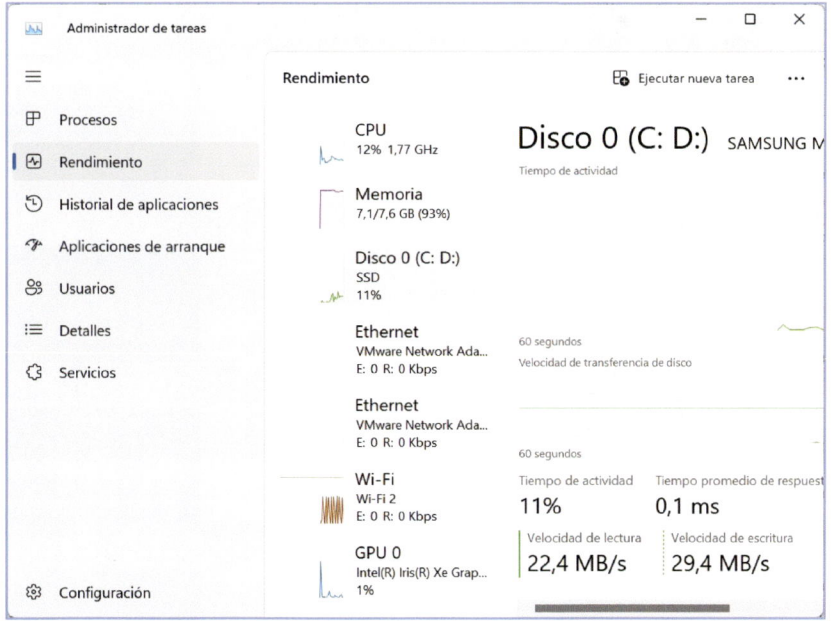

Figura 6.6. Administrador de tareas de Windows 10/11.

En esta pantalla podremos analizar el porcentaje de utilización de cada uno de los elementos *hardware* del sistema. De esta forma, podremos ir analizando si todo va más o menos bien en nuestro sistema.

Si hacemos doble clic en la parte derecha, es decir, en las miniaturas que representan los componentes *hardware*, se quedará en pantalla solo eso, es decir, las miniaturas como un pequeño esquema que podemos mantener en pantalla para poder monitorizar el *hardware* sin que ocupe demasiado espacio en pantalla el visor.

Si lo que hacemos es doble clic sobre la parte derecha, es decir, sobre el elemento que hayamos seleccionado en la parte izquierda, se mostrará solamente eso, la parte seleccionada en grande.

Por último, es importante indicar que si queremos obtener un verdadero detalle de los procesos del sistema, de la ocupación de memoria o de los accesos a disco que se están haciendo, tendremos que pulsar en *Abrir el monitor de recursos* (en Windows 11, localizamos esta herramienta en los tres puntos de la zona derecha superior de la ventana del *Administrador de Tareas*) y se nos mostrará una pantalla como la que se ve en la Figura 6.8, en la que se puede monitorizar de una forma muchísimo más detallada los procesos, el uso de memoria disco, tarjeta de red, etc. Además, en este cuadro de diálogo podremos realizar acciones como parar procesos, reanudarlos, etcétera.

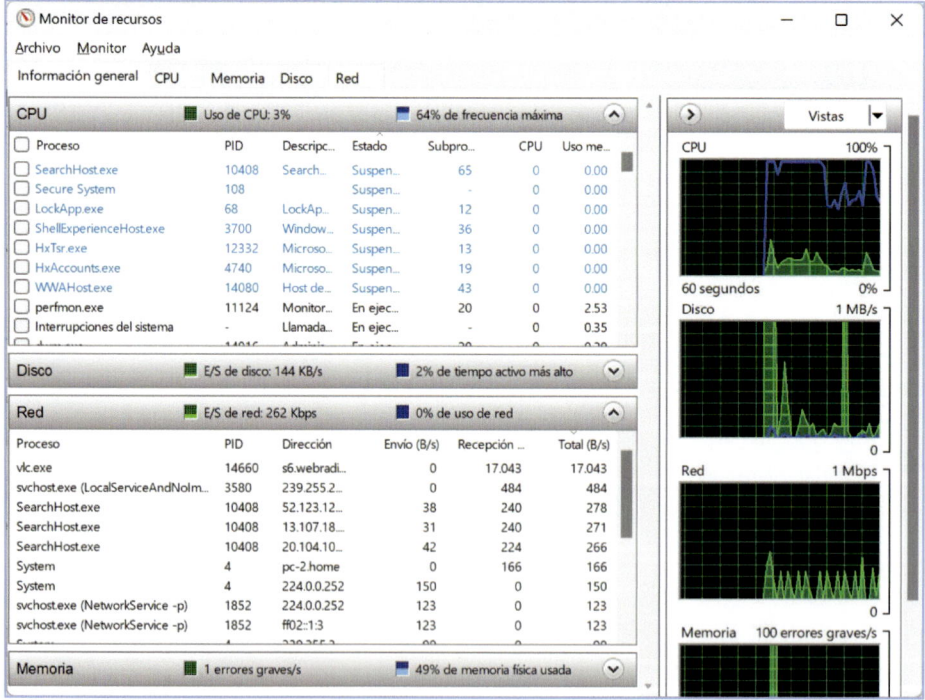

Figura 6.7. Monitor de recursos.

6.4. Administrador de tareas

Para acceder a la ventana principal del *Administrador de tareas* de nuestro sistema, podremos hacerlo pulsando simultáneamente las teclas **Ctrl+Alt+Supr** y, cuando se muestra la pantalla de la Figura 6.5, pulsar en la opción *Administrador de tareas,* tal y como hemos visto en el punto anterior.

También hemos comentado que otra forma de acceder es, desde cualquier zona de la barra de tareas que no tenga ninguna tarea, con el botón derecho del ratón seleccionar *Administrador de tareas.* Pulsaremos *Más detalles,* y se mostrará una pantalla como la que aparece en la Figura 6.8.

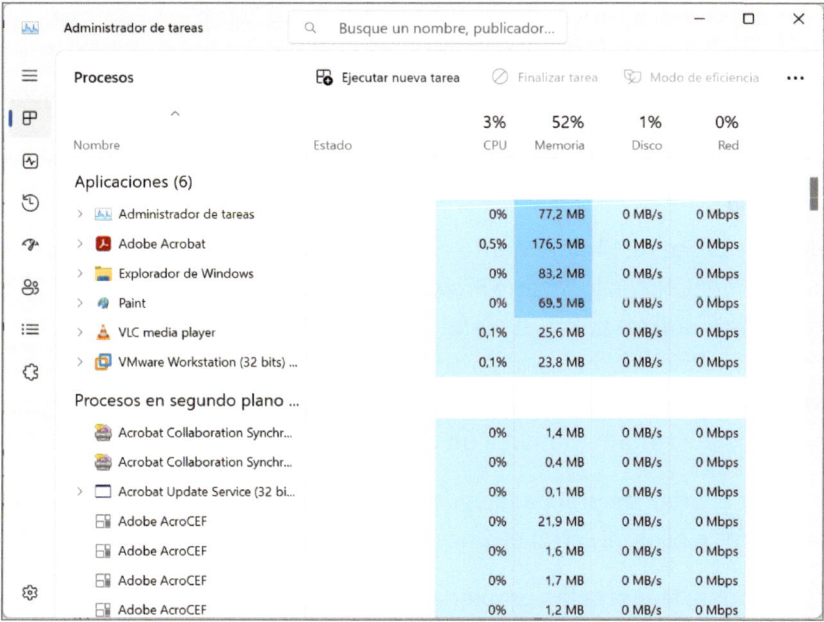

Figura 6.8. Administrador de tareas de Windows 10/11.

Probemos a ejecutar Word. Veremos cómo el programa, al ejecutarse, se convierte en proceso y consume, por lo tanto, recursos del sistema operativo. Esto lo podremos comprobar en la pestaña *Aplicaciones.*

Si sobre una aplicación en ejecución pulsamos el botón derecho del ratón, podremos ver en la Figura 6.9 qué acciones podemos realizar.

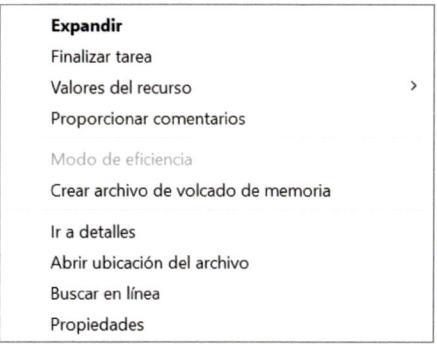

Figura 6.9. Opciones del *Administrador de tareas* de Windows 10/11.

Explicaremos algunas de estas opciones y otras que se encuentran en versiones de Windows XP/7/8.1/10/11 para que nos sirvan de referencia:

- **Cambiar a.** Utilizaremos esta opción cuando queramos hacer que una tarea que está en segundo plano pase a ser activa.

- **Finalizar tarea.** Si la seleccionamos, terminaremos la tarea en ejecución (el proceso). Si es una tarea con varios hilos o procesos, solamente se terminará el hilo seleccionado.

- **Ir al proceso/detalles.** Es tal vez la opción más importante. Nos muestra el proceso que está asociado al programa en ejecución o tarea. Si es un hilo de un proceso, nos llevará al proceso padre del que depende. Al seleccionar esta opción, iremos directamente a la pestaña *Procesos* del *Administrador de tareas o detalles* en la que se muestra el proceso asociado a la tarea o programa en ejecución.

- **Abrir ubicación de archivo.** Nos lleva directamente a la carpeta en la que se encuentra el ejecutable que lanza al proceso seleccionado.

- **Terminar proceso.** Simplemente hace que el proceso se detenga de forma incondicional. No es lo mismo *Finalizar tarea* que *Finalizar proceso.* Si seleccionamos *Finalizar tarea,* el sistema operativo intentará finalizar la tarea y el proceso asociado, cerrándolo adecuadamente. Si seleccionamos *Finalizar proceso,* el proceso y la tarea que ejecuta se terminarán de forma incondicional, sin buscar alternativa a un cierre correcto.

- **Finalizar el árbol de procesos.** Igual que el caso anterior, si un proceso tiene varios hijos o hilos, al cerrar el proceso se cerrarán el proceso padre y los hijos.

- **Propiedades.** Muestra las propiedades del programa ejecutable asociado al proceso.

- **Ir al servicio.** Cada programa, para poder ejecutarse, está asociado a uno o varios servicios que no son ni más ni menos que procesos propios del sistema operativo.

- **Establecer prioridad.** Se utiliza para hacer que un proceso tenga mayor o menor prioridad sobre los otros.

Por último, hay que indicar que podemos personalizar los elementos que se muestran en la línea de menús del *Administrador de tareas,* siempre y cuando hagamos clic con el botón derecho del ratón donde pone Nombre, Estado, CPU, etc. Se desplegará un menú como el que se muestra en la Figura 6.10, donde podremos elegir lo que queremos mostrar de los procesos o tareas que están en ejecución.

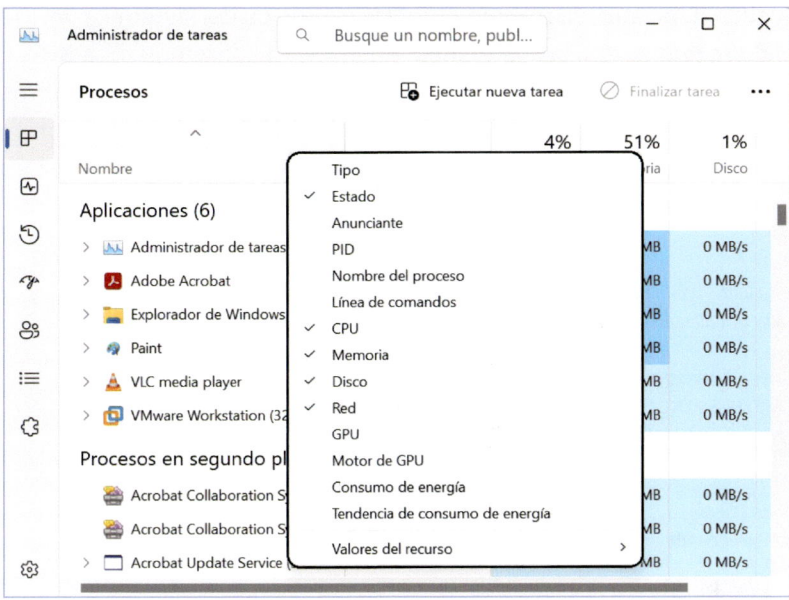

Figura 6.10. Personalizar el *Administrador de tareas*.

6.5. Editor del registro del sistema

El registro del sistema es una base de datos en la que el sistema operativo Windows almacena información relativa a todas las configuraciones que se realizan en el equipo, es decir, relativas a cualquier cuestión de *hardware* o *software*, claves de usuarios, direcciones IP, nombres de equipo, entre otros.

El tamaño del registro de Windows, desde la versión de Windows XP, en principio es ilimitado, es decir, puede crecer, lo que puede llegar a ser un problema, ya que, si es demasiado grande, puede ser más costoso gestionarlo.

Por lo general, el registro contiene información relativa a:

- Perfiles de usuarios.

- Información sobre los programas instalados y los tipos de documentos creados por cada programa.

- Propiedades de carpetas e iconos de programas.

- Configuración del *hardware* instalado, *drivers* instalados, etcétera.

- Información sobre los puertos usados.

- Configuración de red.

- Etcétera.

Para acceder al registro, se utilizan programas propios del sistema, como **regedit,** **regedt32** o **regedt** según las versiones. Nosotros utilizaremos **regedt32,** y, para ello, desde una consola o simplemente desde el cuadro de búsqueda, introduciremos esta cadena y pulsaremos **Enter**. Se mostrará entonces la estructura jerárquica del registro, tal y como podemos ver en la Figura 6.11.

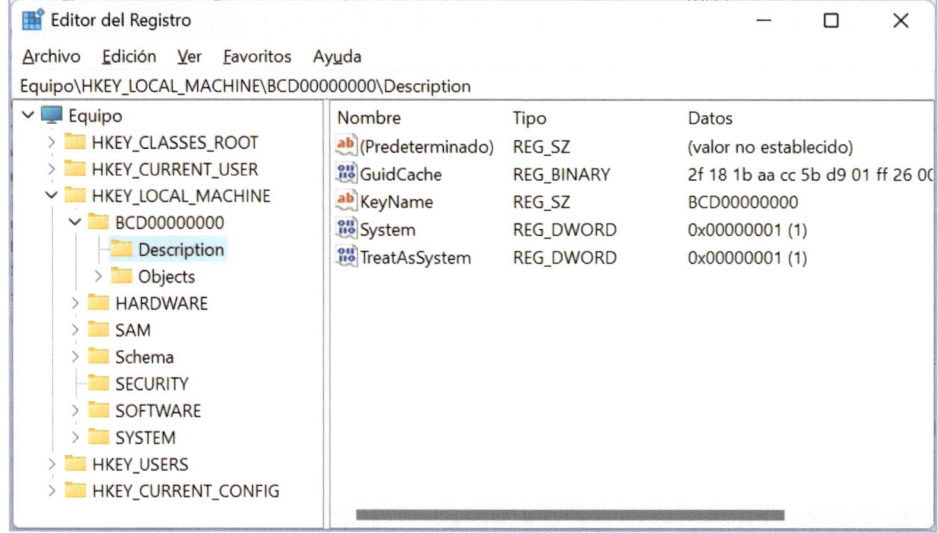

Figura 6.11. Estructura del registro.

El registro tiene una estructura jerárquica que consiste en secciones o claves, subsecciones (la parte izquierda de la ventana del editor del registro) y las claves (esto es lo que puede ver a la derecha cuando marca una sección del registro o una subsección).

Hay siete claves raíz predefinidas:

- HKEY_LOCAL_MACHINE o bien HKLM.

- HKEY_CURRENT_CONFIG o bien HKCC (únicamente en Windows 9x/Me y en las versiones basadas en NT de Windows).

- HKEY_CLASSES_ROOT o bien HKCR.

- HKEY_CURRENT_USER o bien HKCU.

- HKEY_USERS o bien HKU.

- HKEY_PERFORMANCE_DATA (únicamente en las versiones de Windows basadas en NT, pero invisible para el editor del registro).

- HKEY_DYN_DATA (únicamente en Windows 9x/Me, y visible en el editor de registro de Windows).

Cualquier modificación que hacemos en el equipo, sea la que sea, se refleja realizando un cambio instantáneo en el registro. Por ello, algunas veces cuando hacemos algunos cambios en el equipo es necesario reiniciar el equipo, sobre todo al instalar actualizaciones, ya que el registro tiene que recargarse de nuevo por completo.

En la Tabla 6.3 podemos ver una lista detallada de los valores que pueden contener los registros según sus entradas y, aun entendiendo que es una información bastante técnica, es interesante saber que los valores son los que modifican el comportamiento de que, por ejemplo, se muestre activada una simple casilla de verificación.

Tabla 6.3. Contenido de los valores de los campos del registro de Windows

NOMBRE	NOMBRE DE TIPO SIMBÓLICO DE DATOS	SIGNIFICADO Y CODIFICACIÓN DE LOS DATOS ALMACENADOS EN EL VALOR DE REGISTRO
0	REG_NONE	Datos sin ningún tipo (en todo caso, el valor almacenado).
1	REG_SZ	Valor de cadena, normalmente almacenado y mostrado en UTF-16LE (cuando se utiliza la versión Unicode de las funciones API de Win32), que generalmente termina con un carácter nulo.
2	REG_EXPAND_SZ	Valor de cadena expandible que puede contener variables de entorno, normalmente almacenado y mostrado en UTF-16LE, que generalmente termina con un carácter nulo.
3	REG_BINARY	Datos binarios (cualquier dato arbitrario).
4	REG_DWORD / REG_DWORD_LITTLE_ ENDIAN	Valor DWORD, número entero no negativo de 32 bits (números entre el 0 y el 4.294.967.295 [$2^{32} - 1$]) (little-endian).
5	REG_DWORD_BIG_ ENDIAN	Valor DWORD, número entero no negativo de 32 bits (números entre el 0 y el 4.294.967.295 [$2^{32} - 1$]) (big-endian).
6	REG_LINK	Enlace simbólico (UNICODE) a otra clave de registro, especificando una clave raíz y la ruta a la clave objetivo.
7	REG_MULTI_SZ	Valor de cadena múltiple, que generalmente es una lista ordenada de cadenas no vacías, almacenadas y mostradas en UTF-16LE, cada una de ellas terminada en un carácter nulo, y la lista normalmente también termina con un carácter nulo.
8	REG_RESOURCE_LIST	Lista de recursos (usada por la enumeración y configuración del *hardware* Plug-n-Play).

NOMBRE	NOMBRE DE TIPO SIMBÓLICO DE DATOS	SIGNIFICADO Y CODIFICACIÓN DE LOS DATOS ALMACENADOS EN EL VALOR DE REGISTRO
9	REG_FULL_RESOURCE_ DESCRIPTOR	Descriptor de recursos (usado por la enumeración y configuración del *hardware* Plug-n-Play).
10	REG_RESOURCE_ REQUIREMENTS_LIST	Lista de requisitos de recursos (usada por la enumeración y configuración del *hardware* Plug-n-Play).
11	REG_QWORD / REG_QWORD_LITTLE_ ENDIAN	Valor QWORD, número entero de 64 bits (puede ser big-endian o little-endian, o sin especificar). (Introducido en Windows XP).

Para terminar de explicar lo que es el registro de Windows, deshabilitemos definitivamente el **Centro de actividades del sistema.**

Sigamos los siguientes pasos:

1. Abrir el *Editor del Registro* de Windows como hemos indicado anteriormente o podemos hacerlo directamente pulsando la combinación de teclas Windows + R y escribiendo el comando regedt32 y pulsando **Enter**.

2. Esto nos abrirá la ventana del registro de Windows 10/11.

3. Localizar la entrada **HKEY_LOCAL_MACHINE \ *SOFTWARE* \ Policies \ Microsoft \ Windows \ Explorer**.

4. Si al llegar a la ruta comprobamos que no encontramos la carpeta *Explorer,* debemos crearla debajo de *Windows,* como se muestra en la Figura 6.12.

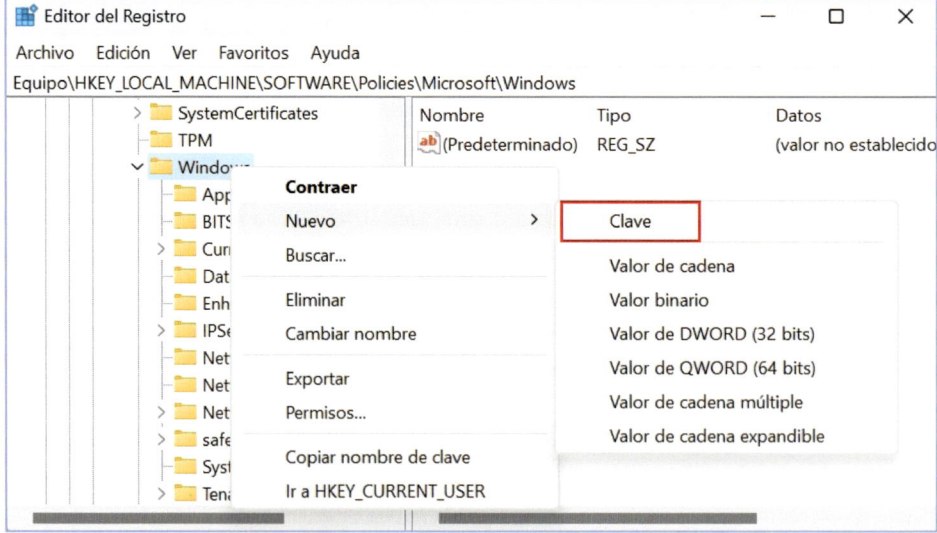

Figura 6.12. Crear una nueva clave.

5. A continuación, dentro de la clave recién creada, la cual habremos seleccionada, crearemos un nuevo valor **DWORD (32 bits)** al que debemos asignar el nombre **DisableNotificacionCenter** al crear el valor, ya que observaremos que el valor muestra un nombre tal como *Nuevo valor #1* que podemos editar y en el que podemos poner el nombre deseado. Ver la Figura 6.13.

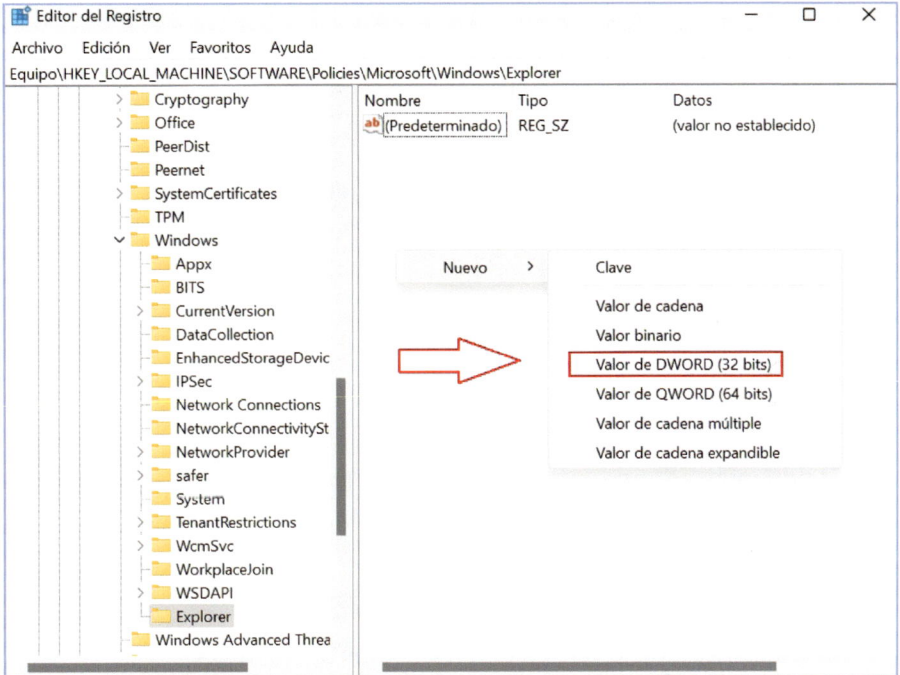

Figura 6.13. Crear un nuevo valor.

6. Asignar a **DisableNotificacionCenter** el valor **1**. Para ello, en el nuevo valor recién pulsado, haremos doble clic sobre él y se mostrará una pantalla como la de la Figura 6.14 en la que asignaremos el valor indicado.

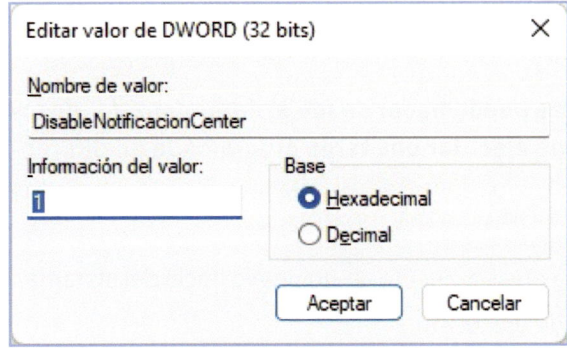

Figura 6.14. Nuevo valor.

Hay que tener en cuenta que, aunque parezca todo lo contrario, el valor 1 activa la función que desactiva el *Centro de actividades.* Si todo ha ido bien, basta con reiniciar el equipo y el centro de notificaciones habrá quedado desactivado de forma permanente, al menos en Windows 7, 8 y 10.

ACTIVIDADES

6.1. Las acciones o situaciones que son susceptibles de registrarse para conocer qué es lo que está pasando en el sistema se denominan...

a) Eventos de sistema.

b) Sucesos de sistema.

c) Información de sistema.

d) Las respuestas a) y b) son correctas.

6.2. La combinación de teclas que permite ejecutar el administrador de tares es...

a) Ctrl+Alt+Ins

b) Ctrl+Alt+Supr

c) Ctrl+Alt+Shift

d) Ctrl+Alt+F2

6.3. El administrador de tares muestra información de rendimiento de varios componentes principales del sistema, que son...

a) Memoria, disco y procesador.

b) Memoria, uso de disco, velocidad de proceso y red.

c) Red, memoria, procesador y transferencia de datos.

d) Red, memoria, disco y procesador.

6.4. El proceso que consiste en copiar un disco o partición completa de un disco en un archivo se denomina...

a) Creación de un archivo imagen.

b) Clonación.

c) Copia de seguridad completa.

d) Copia de seguridad diferencial.

6.5. Una de las acciones que se puede hacer desde el *Administrador de tareas* en un proceso es la de ejecutar una tarea programada en diferentes programaciones...

a) Guardar la tarea.

b) Configurar la tarea para que se ejecute en un nuevo inicio del sistema.

c) Aumentar la prioridad de ejecución.

d) Borrar los datos de archivos asociados a la tarea.

6.6. El editor de registro del sistema Windows responde al nombre de...

a) Registri_Editor.

b) Editor_Registri.

c) RegedtNT.

d) Todas las respuestas anteriores son falsas.

6.7. ¿Cuál o cuáles de los elementos siguientes no son elementos o características del registro de Windows?

a) DWORD.

b) Clave de registro.

c) Hexadecial_value.

d) HKEY_LOCAL_MACHINE.

6.8. ¿Se puede exportar e importar la configuración de un registro de Windows para llevarla de un equipo a otro?

a) Sí.

b) No.

c) Solo si se exportan una rama del mismo.

d) Solo en versiones de Windows que sean de 32 bits.

COMPRUEBA TUS CONOCIMIENTOS

6.1. En el *Visor de sucesos del sistema,* o *Visor de eventos,* revisa los cinco elementos más importantes, dentro de *Registro de Windows,* analizando, sobre todo, los eventos que se han ejecutado como una advertencia.

6.2. Analiza las características más importantes de alguno de los eventos anotando:

Origen del evento.
Id. de evento.
Usuario que lo ha provocado.

6.3. Analiza el rendimiento del sistema, si cargas todos los paquetes de Office a la vez, es decir, cuando se ejecuta Word, Excel, PowerPoint y alguno más. Si no tienes Office, puedes hacerlo ejecutando los equivalentes de LibreOffice.

6.4. Analiza el rendimiento del sistema realizando una imagen de este en otro disco duro o en una partición que tengas en el disco duro principal con espacio suficiente para almacenar la imagen.

6.5. Interpreta los resultados de los ejercicios 3 y 4.

6.6. Ejecutados los programas de Office, termínalos desde el administrador de tareas. Previamente tienes que haber analizado las propiedades de al menos dos de ellos.

6.7. Elimina la entrada del registro que hemos creado en el punto 6.5. de esta unidad.